# 바틀비
## 혹은 우연성에 관하여

바틀비
혹은 우연성에 관하여

조르조 아감벤 지음
양창렬 옮김

**현실문화**

Italian title: *Bartleby. La formula della creazione*
Copyright © 1993 by Giorgio Agamben.
Korean translation Copyright © 2025 Hyunsil Publishing Co.
Arranged through Agnese Incisa Agenzia Letteraria, Torino and Icarias Agency, Seoul

이 책의 한국어판 저작권은 Agnese Incisa Agenzia Letteraria와 Icarias Agency를 통해
Giorgio Agamben과 독점 계약한 도서출판 현실문화연구에 있습니다.
저작권법에 의하여 한국 내에서 보호를 받는 저작물이므로
무단전재와 무단복제를 금합니다.

차 례

9    I. 필경사, 혹은 창조에 관하여
47   II. 정식, 혹은 잠재성에 관하여
73   III. 실험, 혹은 탈창조에 관하여

113   옮긴이 해제
145   찾아보기

일러두기

1. 이 책은 Giorgio Agamben, "Bartleby o della contingenza," in Gilles Deleuze, Giorgio Agamben, *Bartleby. La formula della creazione*, Macerata: Quodlibet, 1993, pp. 43-85을 번역한 것이다. 번역 과정에서 불역본, 영역본, 일역본도 참조했다.

    - 불역본: Giorgio Agamben, *Bartleby ou la création*, traduit de l'italien par Carole Walter, Saulxures: Éd. Circé, 1995.
    - 영역본: Giorgio Agamben, "Bartleby, or On Contingency," in *Potentialities*, translated by Daniel Heller-Roazen, Stanford: Stanford University Press, 1999, pp. 243-271.
    - 일역본: アガンベン,ジョルジョ 著,高桑和巳訳,『バートルビー:偶然性について』,調布:月曜社,2005.

2. 원문의 라틴어와 헬라스어는 이것들 뒤에 번역본을 붙이기도 하고, 번역문 다음에 라틴어와 헬라스어를 병기하기도 했다. 헬라스어 전사 방식은 아감벤이 쓰고 있는 것과 달리 국내에서 통용되는 방식을 따랐다. 예컨대 φ는 f가 아니라 ph로, χ는 c가 아니라 ch로 바꿔 표기했다.

3. 헬라스어 윕실론 υ은 '이'가 아니라 '위'로 적었고, 같은 자음이 겹치는 경우도 모두 살려서 적었다.

4. 본문이든 인용문이든 ( )는 아감벤의 추가이며, 〔 〕는 옮긴이의 추가이다.

5. 원문에는 주석이 하나도 없다. 따라서 이 책에 붙인 모든 주석은 옮긴이 주이다. 아감벤이 출처 표기 없이 적고 있는 구절의 출처를 되도록 모두 추적해서 덧붙이고자 했다. 인용한 책의 경우, 국역본이 있으면 참조하고 서지사항을 덧붙였다. 해당 인용 부분의 번역은 별다른 표시 없이 옮긴이가 수정하기도 했다.

6. 원문에서 대문자로 시작하는 단어, 예컨대 God, Nothing ... 은 본문 서체와 구분해 고딕체로 표시했다.

7. 제목 표기 시 단행본에는 『 』를, 논문에는 「 」를 사용했다. 원문의 이탤릭체는 볼드체로 옮겼다. 원문에서 Penna와 같이 첫 글자를 대문자로 표기한 경우에는 고딕체로 옮겼다.

신은 옥좌와 동시에 글을 쓰기 위한 서판書板도 창조하셨으니, 이 서판은 인간이 천 년 동안 걸을 수 있을 만큼 컸다. 서판은 순백의 진주로 만들어졌으며, 그 가장자리는 사방이 루비로, 중앙은 에메랄드로 되어 있었다. 거기에 쓰인 진리는 하나같이 가장 순수한 빛이었다. 신은 매일 백 번씩 그 서판을 바라보셨고, 그럴 때마다 신은 서판을 구축하고는 파괴하셨고, 창조하고는 죽이셨다. …… 신은 또한 앞서 말한 서판과 함께 글을 쓰기 위한 빛의 펜도 창조하셨다. 이 펜은 인간이 오백 년 동안 걸을 수 있을 만큼 길었고, 폭도 그만큼 넓었다. 이 펜이 창조되자 신은 펜에게 글을 쓰라고 명했다. 펜이 말했다. "무엇을 쓸까요?" 그러자 신이 답했다. "너는 이 세상의 처음부터 끝까지 나의 지혜를, 또한 나의 모든 피조물을 쓸 것이니라."

— (무함마드), 『승천의 책Libro della Scala』, XX장

I. 필경사, 혹은 창조에 관하여

필경사인 바틀비는 어떤 문학의 성좌星座에 속한다. 이 성좌의 한쪽 끝에는 아카키 아카키예비치[1]("그에게는, 그 필사본들 속에 어떻게든 온 세상이 담겨 있었다. ······ 그가 좋아하는 문자가 몇 개 있었으니, 이 문자들과 만나기라도 할 때면 그는 완전히 정신을 놓았다"[2])가 있고, 그 중간에는 부바르와 페퀴셰[3]라는 쌍둥이별("둘 다 비밀리에 품은 좋은 생각······ 필사")이 있으며, 다른 한쪽 끝에는 지몬 타너[4]("나는 필경사이다"는 그가 요구한 유

---

[1] 니콜라이 바실리예비치 고골(Николай Васильевич Гоголь)의 단편소설 『외투(Шинéль)』의 주인공. 상트페테르부르크 관청에서 공문서를 필사하는 50대의 말단 9급 문관이다.

[2] 니콜라이 고골, 『외투』, 조주관 옮김, 민음사, 2017, 63쪽.
"이 정서하는 일에서 그는 다양한 즐거운 자신만의 어떤 세계를 발견한 것이다. 즐거움은 그의 얼굴에도 나타났다. 그가 특별히 좋아하는 글자도 있었다. 일을 하다가 그 글자를 대하면 [그는] 너무나 기뻐서 미소를 짓고 윙크를 하면서 입으로 글자들을 불러보곤 했다."

[3] 귀스타브 플로베르(Gustave Flaubert)의 소설 『부바르와 페퀴셰(Bouvard et Pécuchet)』(1881)의 주인공들. 둘 다 필경사이며, 그들은 유산 상속 후 시골에 가 각종 학문을 섭렵하다 실패하고 다시 필경사로 복귀한다.

[4] 로베르트 발저(Robert Walser)의 소설 『타너가의 남매들(Der Geschwister Tanner)』(1907)의 주인공. 자유롭고 즉흥적인 삶을 추구하는 젊은이로서 책방 점원, 변호사 사무실 업무 보조, 중산층 가정의 상주 하인, 실업자를 위한 필사

I. 필경사, 혹은 창조에 관하여

일한 신원이다)의, 그리고 어떤 필법도 가뿐하게 복제할 수 있는 미쉬킨 공작[5]의 하얀 빛이 있다. 거기서 조금 떨어진 곳에는 소행성대(帶)처럼 카프카Franz Kafka의 법정에 나오는 이름 없는 서기관들이 있다. 그러나 바틀비의 철학적 성좌도 존재하는바, 이 성좌만이 다른 별자리(문학적 별자리)가 단지 윤곽만 그리고 있는 인물의 핵심을 담고 있을 가능성이 있다.

---

실의 필경사로 여러 직업을 전전한다.
[5] 표도르 미하일로비치 도스토옙스키(Фёдор Михайлович Достоéвский)의 소설 『백치(Идиот)』(1869)의 주인공. 뛰어난 필사 능력을 가졌다.

1. 『수다Suda』라는 이름으로 통하는 비잔티움 시대 어휘집에서는 '아리스토텔레스Aristotelēs' 항목을 다음과 같이 특이하게 정의하고 있다. "아리스토텔레스는 펜을 사유 속에 담그는 자연의 필경사였다〔Aristotelēs tēs physeōs grammateus ēn ton kalamon apobrechōn eis noun〕." 횔덜린 Friedrich Hölderlin은 소포클레스Sophoklēs의 『오이디푸스 왕Oidipous tyrannos』 번역에 붙인 '노트'에서 별다른 이유 없이 이 구절을 인용하는데, 그때 그는 약간의 수정으로 그 구절을 전복해버렸다. "아리스토텔레스는 자애로운 펜을 담그는 자연의 필경사였다"(사유 속에eis noun를 자애로운eunoun으로 바꾼 것이다). 세비야의 성聖 이시도루스[1]가 쓴 『어원Etymologiae』에는 위 구절의 상이한 판본이 나오며, 이것은 카시오도루스Cassiodorus에게서 연원한다. "아리스토텔레스는 『명제론De interpretatione』—『오르가논Organon』을 이루는 기초 논리학 저작 중 하나—을 쓸 때, 그의 펜을 정신 속에 담갔다Aristoteles,

---

[1] Isidorus Hispalensis(c. 570–636). 세비야의 대주교·학자·역사가.

I. 필경사, 혹은 창조에 관하여

quando perihermeneias scriptabat, calamum in mente tingebat."
그 둘 중 어느 경우든 결정적인 것은 자연의 필경사라는 이미지(이런 이미지는 이미 〔고대 헬라스의〕 앗티카에서 발견된다)가 아니라 누스nous가, 즉 사유나 정신이 철학자가 펜을 담그는 잉크병에 비유된다는 점이다. 사유가 글을 쓸 때 사용하는 잉크, 즉 어둠의 방울은 사유 그 자체인 것이다.

서양철학 전통의 중요 인물을 필경사라는 볼품없는 신분으로 소개하고, 사유를 그에 못지않게 색다른 글쓰기 활동으로 소개하는 이 정의는 도대체 어디서 유래하는 것일까? 아리스토텔레스의 저작 전체에서 이와 유사한 이미지를 담고 있는 텍스트가 딱 하나 있는데, 어쩌면 이것이 카시오도루스나 알려지지 않은 은유가에게 그 실마리를 제공했을지 모른다. 그 텍스트는 논리학의 『오르가논』이 아니라 영혼에 관한 논고에 속한다. 〔『영혼론』〕 제3권의 한 대목(430a)에서 아리스토텔레스는 누스nous를, 즉 지성 또는 잠재적 사유를 아직 거기에 아무것도 쓰여 있지 않은 서판에 빗댄다. "누스nous란 마치 그 위에 현실태로 쓰인 것이 아무것도 없는 서판grammateion과도 같다."[2]

---

2  Aristotelēs, *De anima*, III, IV, 429b29–430a5. 아리스토텔레스, 「영혼론」,

기원전 4세기 헬라스에서는 파피루스에 잉크로 글을 쓰는 것만이 유일한 기록 방법은 아니었다. 엷은 밀랍 층으로 덮인 서판에 첨필stylus로 새겨 넣어 글을 쓰는 게 훨씬 더 일반적이었고, 사적인 용도[의 글]에서는 특히 그랬다. 아리스토텔레스는 자신의 논고에서 결정적인 지점에 도달했을 때, 즉 잠재적 상태에 있는 사유의 본성을 규명하고, 그 사유가 지성의 활동[현실성]으로 이행하는 양식을 고찰하는 지점에 이르렀을 때 이런 종류의 물건을 예로 든다. 그것은 십중팔구 그가 자신의 생각들을 적어두는 순간에 사용하는 바로 그 서판이었을 것이다. 훨씬 후대에 이제 펜과 잉크로 글을 쓰는 게 지배적인 방법이 되었을 때, 그리고 아리스토텔레스가 사용한 이미지가 케케묵어 보일 위험이 있었을 때, 누군가

『아리스토텔레스 선집』, 조대호 옮김, 도서출판 길, 2023, 294쪽.
"무언가 공통적인 것에 의거한 작용받음에 대해서는 앞에서 이야기했다. 그에 따르면, 지성은 어떤 방식으로든 가능적으로 사유 가능한 것들이지만 [그것은] 사유를 하기 이전에는 현실적으로 아무것도 아니다. 즉 (가능적으로는 글자들이 쓰일 수 있지만) 현실적으로는 아무것도 쓰여 있지 않은 칠판과 마찬가지로 (지성은) 가능적으로 (사유 가능한 대상들일 것이다). 바로 이것이 지성의 경우에 해당한다. 그리고 그것 자체도 다른 사유 가능한 대상들처럼 사유될 수 있다. 왜냐하면 질료가 없는 것들의 경우에는 사유의 주체와 사유 대상이 동일하기 때문이다. 왜냐하면 이론적인 인식과 그렇게 인식될 수 있는 것은 동일하기 때문이다."

I. 필경사, 혹은 창조에 관하여

가 나중에 『수다』에 기록된 의미로 그 이미지를 새로이 고쳤을 것이다.


2. 서양철학 전통에서 이 이미지는 성공을 거두었다. 『영혼론』을 처음 라틴어로 옮긴 번역자는 '서판grammateion'을 '백지tabula rasa'로 옮김으로써 이 이미지에 새로운 역사를 만드는 데 기여했다. 이 역사는 한편으로는 로크John Locke의 '백지white sheet'에 이르렀고("처음에 마음이 아무 글자도 없고 아무 '관념'도 없는 백지 같은 것이라고 가정해보자"[3]), 다른 한편으로는 [이탈리아어에서] '백지화하다far tabula rasa'라는 [지금도 여전히 존재하나] 어울리지 않는 표현에 이르렀다. 사실 그 이미지는 애매한 부분이 있었으나 확실히 그 덕분에 성공을 거두었다. 아프로디시아스의 알렉산드로스Alexandros ho Aphrodisieus는 철학자[아리스토텔레스]가 말해야 했던 건 서판grammateion이 아니라 더 정확하게는 그것의 밀

---

3   John Locke, *An Essay Concerning Human Understanding*, Book II, Ch. I, § 2. John Locke, *An Essay Concerning Human Understanding*, edited with a foreword by Peter H. Nidditch, Oxford: Clarendon Press, 1975, p. 104. 존 로크, 『인간지성론 1』, 정병훈 외 옮김, 한길사, 2014, 150쪽.

랍층epitēdeiotēs이라고 지적했다. 즉 첨필로 활자를 새겨 넣는 곳인 서판 위의 얇은 밀랍층 말이다(라틴어 번역자의 용어를 따른다면, 깎인 서판tabula rasa이 아니라 서판의 깎이는 곳rasura tabulae). 이 고찰(알렉산드로스는 이 점에 집착할 충분한 이유들이 있었다)은 어쨌든 정확했다. 실제로, 아리스토텔레스가 서판의 이미지로 우회하려는 난제는 사유의 순수 능력potenza과 그 능력이 활동atto으로 넘어가는 것을 어떻게 이해할 수 있는지에 대한 것이다.[4] 왜냐하면 사유가 이미 그 자체로 어떤 정해진 형식을 띤다면, (서판이 하나의 사물이듯) 사유가 항상 이미 어떤 것이라면, 그것[사유]은 필시 이해 가능한 대상으로 보일 것이며, 따라서 (그것은) 사유의 지성 활동에 장애물이 될 것이기 때문이다. 이 때문에 아리스토

---

[4] 이 책의 핵심 개념인 potenza와 atto는 아리스토텔레스의 dynamis와 energeia를 이탈리아어로 번역한 것이다. 흔히 '가능태' 또는 '잠재태'로 옮기는 dynamis는 '~일 수 있는 가능성' 혹은 '~할 수 있는 능력'을 뜻하는 단어이고, '현실태'로 옮기는 energeia는 그러한 능력이 발휘되는 활동이나 가능성이 '실현된 상태'를 의미한다. 번역에서는 아감벤이 별도로 사용하는 possibilità를 '가능성'으로, potenza는 문맥에 따라 '잠재성' 또는 '능력'으로 옮겼다. 이와 짝을 이루는 atto는 '현실성' 또는 '활동'으로 옮겼다. 또한 dynamis의 반대말인 adynamia—이탈리아어 impotenza—는 일반적으로는 '무능력'으로 옮기지만, 아감벤이 그것을 '~하지 않을 잠재성/능력'이라는 의미로 강조해서 쓰기 때문에 '무능력' 대신 '비잠재성' 또는 '비능력'으로 옮겼다.

I. 필경사, 혹은 창조에 관하여

텔레스는 누스nous란 "잠재적이라는 것 말고는 다른 본성을 갖지 않으며, 사고하기 이전에는 현실태적으로 절대 아무것도 아니다"[5]라고 명시하는 데 주의를 기울였다.

그러므로 정신은 사물이 아니라 순수 능력의 존재이며, 아직 거기에 아무것도 쓰여 있지 않는 서판이라는 이미지는 순수 능력이 존재하는 양상을 나타내는 기능을 한다. 아리스토텔레스에게, 있을 수 있거나 어떤 것을 할 수 있는 모든 능력은 항상 있지 않을 수 있거나 [어떤 것을] 하지 않을 수 있는 능력(dynamis mē einai, mē energein)이다. 그렇지 않으면 능력은 항상 이미 활동으로 넘어가 활동과 구별할 수 없게 될 것이다(아리스토텔레스가 『형이상학Metaphysica』 Θ권에서 명시적으로 논박하는 메가라학파의 테제). 이 '[~이지/하지] 않을 능력'은 능력에 관한 아리스토텔레스 학설의 비밀스러운 핵심인바, 이는 동일한 것에 대해 모든 능력potenza을 비능력impotenza으로 만든다(tou autou kai kata to auto pasa

---

5   Aristotelēs, *De anima*, III, IV, 429a21-24. 아리스토텔레스, 「영혼론」, 『아리스토텔레스 선집』, 조대호 옮김, 292쪽.
"그러므로 지성은 이런 본성 즉 가능성을 제외하고 어떤 본성도 가져서는 안 된다. 영혼에 속하는 이른바 지성은—나는 영혼이 분별해 사고하고 판단을 내릴 때 쓰이는 능력을 일컬어 지성이라고 부른다— 사유 활동이 일어나기 전에는 현실적으로 있는 것들 가운데 그 어떤 것도 아니다."

dynamis adynamia)(『형이상학』, 1046a32).[6] 건축가가 건축할 수 있는 능력을 현실화하지 않을 때에도 (그가 그) 자신의 건축할 수 있는 능력을 유지하고, 키타라 연주자가 키타라를 연주하지 않을 수도 있기에 (그가) 키타라 연주자이듯이, 사유는 사고할 수 있고 **그리고** 사고하지 않을 수 있는 능력으로서, 마치 아직 아무것도 쓰여 있지 않은 밀랍 서판처럼, 존재한다(이것이 중세 철학자들이 말한 가능지성(intellectus possibilis)이다). 민감한 밀랍 층이 필경사의 첨필로 갑자기 긁히게 되듯이, 사유의 능력은, 그 자체로는 어떤 것이 아니지만, 지성의 활동이 일어날 수 있게 한다.

3. 1280년에서 1290년 사이, 메시나에서, 아브라함 아불

---

6  헬라스어 문장을 문자 그대로 옮기면 다음과 같다.
"모든 (~를 할 수 있는) 능력은 (그것과) 동일한 것에 대해 그리고 (그것과) 동일한 방식으로 (~를 할 수 없는) 무능력이다."
  참고로 국역본들은 아래와 같이 옮기고 있다.
"결국 모든 경우 동일한 것에 속하면서 동일한 것과 관련된 능력과 그에 상응하는 무능력이 있다." 아리스토텔레스, 『형이상학 2』, 조대호 옮김, 도서출판 나남, 2012, 15쪽.
"그래서 모든 힘은 ~할/될 힘이 없음이 관계하는 대상과 같은 대상에, 같은 방식으로 관계한다." 아리스토텔레스, 『형이상학』, 김진성 옮김, 서광사, 2022, 373쪽.

I. 필경사, 혹은 창조에 관하여

라피아Abraham Abulafia는 카발라주의 논고들을 작성했는데, 수 세기 동안 유럽의 여러 도서관에 필사본 형태로 묻혀 있던 이 논고들은 20세기에 들어서야 비로소 게르숌 숄렘Gershom Scholem과 모셰 이델Moshe Idel 덕분에 비전문가들의 주목을 받았다. 거기서 신의 창조는 글쓰기 활동으로 간주되는바, 이 글쓰기에서 문자는, 말하자면, 신─자신의 펜을 끄적거리는 필경사와 유사하다─의 창조의 말씀을 피조물에 육화肉化하는 물질적 매체를 나타낸다.

> 피조물 무리의 기원에 있는 비밀은 알파벳 문자이며, 각각의 문자는 창조를 지시하는 하나의 기호이다. 필경사는 펜을 손에 쥐고 그 자신이 질료materia에 부여하고 싶어 하는 형상forma을 마음속으로 미리 떠올리면서 그것을 펜을 사용해 잉크 몇 방울로 그려낸다. 이 모든 몸짓에서 필경사의 손은 도구로 사용되는 무생물인 펜을 움직여 물체(질료와 형상의 지지체)를 나타내는 양피지에 잉크가 흐르게 하는 생

명의 구체球體[7]이다. 이와 유사한 활동이 창조의 상위 구체들과 하위 구체들에서도 수행된다. 이에 대해서는 지능을 가진 자라면 스스로 이해할 수 있다. 아닌 게 아니라 그 이상을 말하는 것은 금지되어 있다.

아불라피아는 아리스토텔레스의 독자였으며, 당대 모든 교양 있는 유대인과 마찬가지로, 아랍어 번역과 주석을 통해 철학자(아리스토텔레스)를 읽었다. (아리스토텔레스가 『영혼론』에서 약간 수수께끼 같은 문장으로 처리한) 수동지성(nous pathētikos)의 문제[8]는, 그리고 수동지성이

---

[7] 여기에 쓰인 생명의 구체(la sfera vivente)는 카발라에서 말하는 세피로트를 가리킨다고 봐야 한다. 세피로트—히브리어로는 ספירות, 헬라스어로는 sphaira(구체)—는 신이 가진 힘 또는 능력의 발산 내지 현현(顯現)을 뜻하며, 생명의 나무는 10개의 구체로 그려진다.

[8] Aristotelēs, *De anima*, III, 5, 430a10-24. 아리스텔레스, 「영혼론」, 『아리스토텔레스 선집』, 조대호 옮김, 295쪽.
"모든 자연물 안에는 각 유에 합당한 질료가 있고(이것은 가능적으로 (그 유에 속하는) 모든 것이다), 또 다른 것으로는 예컨대 기술과 질료의 관계가 그렇듯이 모든 것을 만든다는 뜻에서 원인이자 능동적인 것이 있기 때문에, 필연적으로 영혼 안에도 그와 같은 차이가 있어야 한다. 즉 모든 것이 된다는 점에서 그런 (질료적) 성질을 가진 지성(수동지성)과 모든 것을 만든다는 뜻에서 (능동적인 원인의 성질을 가진) 지성(능동지성)이 있으니, 이것은 빛과 같은 일종의 상태이다. 왜냐하면 어떤 뜻에서 빛은 가능적으로 있는 색깔들을 현실적인 색깔들로 만들기 때문이다."

능동지성(intellectus agens) 혹은 제작지성(nous poiētikos)과 맺는 관계의 문제는 명민한 팔라시파falasifa(아리스토텔레스 추종자들을 이슬람에서는 이렇게 불렀다)의 관심을 촉발했다. 바로 그 자신 팔라시파의 황태자인 아비첸나Avicenna[9]는 세계의 창조를 신적 지성이 스스로를 사고하는 활동으로 간주했다. 따라서 달 아래 세상의 창조(아비첸나가 염두에 둔 유출론적 과정에 따르면, 세상의 창조는 최후의 천사인 지성의 작업으로, 이 천사는 아리스토텔레스의 능동지성에 다름없다)는 저 스스로를 사고하는 사유의 모델(의 형태)로만 예시될 수 있었고, 이런 식으로 다양한 피조물이 존재하게 된다.[10] 모든

---

능동적으로 작용하는 것은 수동적으로 작용을 받는 것보다 언제나 더 고귀하고 원리는 질료보다 더 고귀하다. 그런데 현실적인 인식은 그 사물과 동일하다. 한 대상 안에서는 가능적인 것이 시간적으로 더 앞서지만, 전체적으로 보면 (가능적인 것이) 시간적으로도 앞서지 않는다. 그것의 경우에는 사유할 때와 사유하지 않을 때가 있는 것이 아니다. 이것은 분리되어서 유일하게 그 자체로서 있는 것이고, 오직 이것만은 불멸하고 영원하다(하지만 이것은 작용을 받지 않기 때문에 우리는 (그것의 사유 활동을) 기억하지 못한다. 하지만 수동적인 지성은 소멸한다). 그것이 없이는 어떤 사유도 일어나지 않는다."

9  아비첸나(980-1037)는 아랍어명 이븐 시나(Ibn Sina)의 라틴어 음차이다. 이슬람 세계의 저명한 철학자로 철학, 의학, 천문학 등 다방면에 걸친 저술을 남겼다.

10  클라우스 리젠후버, 『중세사상사』, 이용주 옮김, 열린책들, 2007, 202쪽 참조.
"아비첸나는 세계가 필연적 존재인 신으로부터(신플라톤주의적 의미에서의) 필

창조 활동은 (아비첸나의 천사들을 여성으로 바꿔버린 13세기 연애시인들이 잘 알고 있던 것처럼) 지성 활동이다. 그리고 역으로, 모든 지성 활동은 어떤 것을 존재하게 하는 창조 활동이다. 하지만 바로 『영혼론』에서 아리스토텔레스는 잠재적 상태에 있는 지성을 [아직] 거기에 아무것도 쓰여 있지 않은 서판으로 묘사했다. 그 결과, 아비첸나는 중세인들이 『자연학 6권Liber VI naturalium』으로 알고 있던 영혼에 관한 그의 놀라운 논고에서 글쓰기의 이미지를 사용해 가능지성의 다양한 면모와 수준

연적 유출에 의해 지성체의 단계적 질서에 따라 생성되는 것으로 파악하고 있다. 우선 신의 단일성으로부터 제1의 지성체가 발출된다. 그것은 신과 자기 자신을 관상의 대상으로 삼으면서, 그 양자를 구별하고 있기 때문에 모든 다수성의 근원이 된다. 그 제1지성체로부터 천체 및 그것의 영혼, 그리고 그 하위에 놓인 아홉 지성체가 유출된다. 즉, 신의 순수한 필연적 존재성에 대한 제1지성체의 인식으로부터 제2지성체가 생긴다. 필연적 존재인 자기 자신에 대한 인식으로부터는 최고의 천구(天球)에 속하는 영혼이 생긴다. 그 자신이자 단순히 가능적인 존재인 자기 자신에 대한 인식으로부터는 그 최고의 천구 안에서의 천체가 생긴다. 이러한 유출 과정은 그것보다 하위의 지성체로 계속 이어진다. 최후의 제10지성체는 그 자체이자 스스로 존재하는 '능동적 지성'이며, 그것이 인간의 '가능지성' 및 인간의 영혼과 신체의 원인이다. 인간이 획득할 수 있는 최고의 행복은 유출의 여러 단계를 거치면서 (인간과) 멀어지게 된 신과의 일치를 회복하는 것이 아니라, 인식을 통해 인간 바로 위 단계의 지성체인 '능동지성'과 합치하는 것이다. 그처럼 자기 인식의 아프리오리한 기원에 근접하는 것을 통해 인간은 모든 사실적 세계 인식에 앞서서 존재와 인식 양면에서 세계를 구성하는 유출의 과정에 참여하고, 그 참여에 의해 예언의 선물, 혹은 숨겨진 진리의 비유적 표현력을 획득할 수 있다."

을 묘사한다. 먼저 (그가 **질료적**이라 부르는) 잠재성이 있다. 그것은 언젠가 분명히 글쓰기를 배울 수 있지만 아직은 글쓰기에 관해 아무것도 모르는 아이의 상태와 닮았다. 그다음, (그가 [현실성이 되기] **쉬운**facile 혹은 **가능적** possibile이라 부르는) 잠재성이 있다. 그것은 펜과 잉크에 익숙해지기 시작하며 이제 겨우 첫 문자들을 적는 법을 알게 된 아이의 상태와 닮았다. 마지막으로, 완성된 또는 완벽한 잠재성이 있다. 그것은 글을 쓰지 않는 순간에도 글쓰기 기예를 완벽하게 숙달한 필경사의 상태와 닮았다(potentia scriptoris perfecti in arte sua, cum non scripserit).[11]

---

[11] Herbert A. Davidson, *Alfarabi, Avicenna, & Averroes, on Intellect*, New York: Oxford University Press, 1992, pp. 84–85.
"갓 태어난 아기는 결국 (그가) 글을 배우게 될 것이라는 의미에서만 글쓰기의 잠재성을 갖는다. 따라서 아기는 글쓰기에 대한 '규정되지 않은 성향' 또는 '미규정적…… 잠재성(unqualified potentiality)'을 갖는다고 말한다. 나중에 '소년은 성장'해 '잉크병, 펜, 문자를 알게 된다.' 그가 기초를 통제하고 '중간' 단계 없이 기술을 숙달할 수 있는 한, 그는 글쓰기에 대한 '가능적 잠재성(possible potentiality)'을 갖는다고 말한다. 훨씬 더 높은 수준에서는 '(쓰기) 도구'에 능숙하고, '기술에 통달'하며, '마음대로' 기술을 적용할 수 있는 '필경사'가 있다. 그가 기술을 발휘하지 않을 때, 그는 글쓰기에 대한 '완벽한' 잠재성(perfect potentiality)을 갖는다.

글쓰기의 잠재성 세 가지와 유사하게, 잠재적 이론지성의 세 단계가 있다. (1) '질료적' 지성은 '모든 종 구성원'에게 속하는 사고에 대한 완전히 '미규정적인 잠재성'이다. 그것은 태어날 때부터 비물체적인 인간 영혼에 내재하는 '성향'(istiʿdād)이다. (2) '습관적 지성(Intellect in habitu)'(bil-malaka)은 인간 주체가 '첫 번째 가지적 사고들(first intelligible thoughts)'을 소유하는 '가능적 잠재이로써 이후 아랍 전통에서 창조는 글쓰기 활동과 비슷하다고 간주되었으며, 능동지성 혹은 제작지성은 수동지성에 빛을 비추고 그것을 현실태로 이행시키는 것으로

성'이다. 이것들은 사람이 '그것들이 언젠가 확언되지 않을 수도 있다고 가정할' 수 없는, 그런 종류의 이론적 명제들이다. 예를 들어 '전체는 부분보다 크다'라거나 '같은 것에 같은 것이면 〔그 둘은〕 서로 같다'라는 명제가 그렇다. 뒤에서 지적하겠지만, 이는 알-파라비(al-Farabi)가 『이상도시론(al-Madīnah al-Fāḍilah)』에서 능동적 지성이 인간의 질료적 지성에 처음으로 주입하는 사고 원리에 대해 제시한 예와 동일하다. (3) '현실적 지성(Actual intellect)'은 그 이름에도 불구하고 잠재성의 다음 단계, 즉 완전히 현실화된 잠재성의 단계이다. 그것은 '두 번째 가지적 대상'과 '가지적 형상'—즉 파생된 명제와 개념—이 모두 '첫 번째 가지적 대상'에 추가될 때 달성되는 '완성된(kamālīyya) 잠재성'이다. 단, 이때 인간 주체는 그 명제들과 개념들을 실제로 사고하지는 않는다는 점이 전제된다. 현실적 지성의 단계에서, 인간 주체는 저 자신의 지식을 '현실적으로…… 달성하고' 있지 않지만, 〔저가〕 원한다면 언제든지' 그렇게 할 수 있다. 아비첸나는 인간지성이 가지적 사고를 획득했지만 그 순간에는 그것에 도달하지 않는 두 단계를 구분했다. 즉, 문자만 배운 아이와 유사한 지적 잠재성의 단계, 그리고 숙련된 필경사와 유사한 지적 잠재성의 단계. 아비첸나가 원했다면 그는 더 많은 단계를 구분할 수도 있었을 것이다.

아비첸나는, 이 세 가지 사고의 잠재성 단계 외에도, 성격이 다른 하나의 수준을 더 구별한다. (4) '획득된(mustafād) 지성(acquired intellect)'은 유일하게 '미규정적 현실성(unqualified actuality)'이다. 획득된 지성의 수준에서 '가지적 형상'은 현실적으로 그 사람에게 '현재'하며, 그는 그것에 '현실적으로 도달한다.' 알-파라비에게, 획득된 지성이라는 용어는 인간의 지적 계발의 최고 단계를 가리키며, 알-파라비가 그 용어를 선택한 것은 문제적이었다. 왜냐하면 그의 지성 도식에서 최고 단계는 사실상 외부의 원천에서 획득된 게 아니라 인간의 노력을 통해 아래로부터 내부에서 형성된 것이기 때문이다. 아비첸나의 획득된 지성은 문자 그대로 능동지성으로부터 획득된 것이다. 사고의 미규정적 현실성은 능동지성과의 접촉을 확립하고 인간의 지성에 '외부에서 획득한 형상이 각인됨으로써' '획득되었다……고 불린다. 왜냐하면…… 잠재적 지성이 현실성으로 넘어가는 것이 밝혀질 것이기 때문이다."

I. 필경사, 혹은 창조에 관하여

서, '펜Qalam'이라는 이름의 천사와 동일시되었다.

따라서 안달루시아의 위대한 수피 이븐 아라비Ibn 'Arabī가 성도聖都에서 죽을 때까지 작업한 저작인 『메카 계시Futūḥāt al-Makkiyya』를 구상하면서 제2장을 「문자학 ilm al-ḥurûf」에 할애하기로 한 것은 결코 우연이 아니다.[12] 문자학은 모음과 자음의 위계적 수준들뿐만 아니라 이것들이 신적 이름들과 어떻게 조응하는가를 다루었다. 인식을 획득하는 과정에서, 문자학은 표현할 수 없는 것에서 표현할 수 있는 것으로의 이행을 표시한다. 창조 과정에서 이것은 잠재성에서 현실성으로의 이행을 가리킨다. 스콜라 철학자들에게는 단순히 말로 형언할 수 없는 것이던 실존, 순수 존재를 이븐 아라비는 "네가 곧 그 의미인 문자"라고 정의한다. 그는 잠재성에서 현실성으로 넘어가는 창조의 이행을 둑투스ductus라고 도해적으로 제시한다. 이 둑투스는 알리프-람-밈alif-lâm-mîm이라는 세 개의 문자를 하나의 몸짓으로 묶는다.

---

12   이븐 아라비(1165–1240)는 안달루시아 출신의 수니파 학자이자 시인이며 철학자였다. 36세에 메카로 순례를 떠나 그곳에 머무르며 1204년부터 『메카 계시』를 집필하기 시작했고, 이후 여러 지역을 떠돌며 1231년과 1238년에 이르러 두 개의 사본을 완성했다. 『메카 계시』는 총 37권, 560개 장으로 이루어진 방대한 저작으로, 신비주의 철학, 수피즘 수행, 꿈과 환상 등 다양한 주제를 다룬다.

이 문자소文字素의 첫 번째 부분인 문자 알리프alif는

잠재적 상태에 있는 존재가 속성으로 하강함을 의미한다. 두 번째 부분인 람lâm은

속성이 현실성으로 확장함을 의미한다. 세 번째 부분인 밈mîm은

현실성이 현시로 하강함을 의미한다.

　여기서 글쓰기와 창조 과정의 상호 동일시는 절대적이다. 글을 쓰지 않는 필경사(바틀비는 이것의 마지막 소진된 형상이다)는 완벽한 잠재성이며, 이것을 이제 창조

활동에서 분리하는 것은 오로지 **무이다**.[13]


4. 누가 필경사의 손을 움직여 (그것을) 글쓰기 활동으로 이행시키는가? 가능직인 것에서 현실적인 것으로 이행하는 것은 어떤 법칙에 따라 일어나는가? 그리고 가능성이나 잠재성 같은 어떤 것이 있다고 한다면, 이 어떤 것 안팎에서 이 어떤 것을 존재하게 하는 것은 무엇인가? 이 물음을 둘러싸고 이슬람에서 모테칼레밈 motecallemim이, 즉 수니파 신학자들과 팔라시파(아리스토텔레스 추종자들) 사이의 분열이 일어났다. 팔라시파는 아리스토텔레스가 말하는 서판에 시선을 고정한 채, 신의 정신이나 조물주의 정신에 존재하는 가능적인 것이 창조 활동 속에서 어떤 원리들과 법칙들에 따라 발생하거나 발생하지 않는지를 연구했다. (이들과는 반대로,) 수니 정통파의 주류를 대표하는 아샤리(Abu al-Hasan al-)Ash'ari파는 원인·법칙·원리라는 개념들 그 자체를 파괴할뿐더러 가능적인 것과 필연적인 것에 관한 모든 담론

---

13   완벽한 잠재성과 창조 활동을 구분하는 것은 '무'일 정도로 그 둘은 서로 구분되지 않는다는 뜻이다. 글을 쓰지 않는 필경사는 창조 활동 직전의 상태와 같다.

을 헛되게 하며, 그리하여 팔라시파가 수행하는 연구의 기반 그 자체를 무너뜨린다. 사실상 아샤리파는 창조 활동을 기적 같은 사건들이 끊임없이 순식간에 만들어지는 것이라고 인식한다. 기적 같은 사건들은 서로에 대해 작용할 힘이 전혀 없으며, 따라서 그것들은 모든 법칙 및 모든 인과관계에서 벗어난다. 염색장이가 흰 천을 쪽빛 염료 통에 담글 때, 혹은 대장장이가 칼을 불에 달굴 때, 염료는 직물을 색으로 물들이기 위해 직물에 침투하는 게 아니며, 열기는 금속을 작열하게 하기 위해 금속에 전도되는 게 아니다. 오히려 신 그 자신이 그 우연의 일치를 수립한다. 이 우연의 일치는 일상적이지만, 그 자체로는 전적으로 기적과도 같다. 이런 우연의 일치로 천이 쪽빛 염료 통에 담긴 순간에 천은 색으로 물이 들며, 칼이 불에 달궈질 때마다 금속은 작열한다.

> 그러므로 필경사가 펜을 움직일 때, 그 펜을 움직이는 것은 필경사가 아니다. 이 움직임은 신이 필경사의 손 안에서 그가 창조하는 사건일 뿐이다. 신은 손의 움직임이 펜의 움직임과 일치함을, 또 펜의 움직임이 글쓰기의 산출과 일치함을 일상으로서 수립했다. 하지만 이

과정에서 손은 그 어떤 인과적 영향력도 갖지 못한다. 사건은 다른 사건에 작용할 수 없기 때문이다. …… 따라서 펜의 움직임의 경우, 신은 네 가지 사건을 창조한다. 이 네 가지 사건은 절대 어느 하나가 다른 하나의 원인일 수가 없으며, 그저 서로 공존할 뿐이다. 첫 번째 사건은 펜을 움직이려는 나의 의지이다. 두 번째는 펜을 움직일 수 있는 나의 능력이다. 세 번째는 손의 움직임 그 자체이다. 마지막으로 네 번째는 펜의 움직임이다. 따라서 인간이 뭔가를 원해서 그것을 할 때, 이는 먼저 그에게 의지가 창조되며, 그다음으로 활동하는 능력이 창조되며, 마지막으로 활동 그 자체가 창조된다는 뜻이다.

여기서 관건은 단순히 철학자들이 구상하는 것과는 다른 창조 활동의 구상이 아니다. 신학자들이 원하는 것은 아리스토텔레스가 말한 서판을 영원히 깨버리는 것, 세계로부터 가능성의 경험을 모조리 제거하는 것이다. 그러나 인간의 영역에서 축출된 잠재성의 문제는 곧바로 신의 영역으로 옮아간다. 이 때문에 알-가잘리Al-Ghazali

는 바그다드에 있는 학교madrasa의 뛰어난 교수 시절 집필한 『철학자들의 모순Tahāfut al-Falāsifa』에서 아샤리파의 입장을 끈질기게 지지했으나, 이후 예루살렘의 바위 돔 사원에서부터 다마스쿠스의 미나렛minaret[회교사원의 첨탑]까지 방황하는 동안에, 필경사라는 이미지를 또다시 곰곰 생각하지 않을 수 없었다. 그는 『종교학의 부흥 Iḥyā' 'ulūm ad-dīn』에서 신의 능력에 관한 우화를 지었다.[14] 그것은 다음과 같이 시작한다.

> 신의 빛으로 깨달음을 얻은 한 사내가 검은 잉크로 덮인 종이 한 장을 훑어보고 이렇게 물었다. '너는 아까 눈이 부실 정도로 새하얬는데,

---

14 마드라사는 모든 종류의 학교를 가리키는 아랍어 단어이다. 알-가잘리(1058-1111)는 당시 가장 명문 대학의 하나인 니자미아대학의 총장으로 임명되었으나, 영적 위기를 겪고 1095년 교수직을 버리고 가족을 떠나 메카 순례를 포함한 유랑 생활에 나섰다. 그는 다마스쿠스, 바그다드 등지에서 은거하며 10여 년을 보냈다. 이 경험을 통해 그는 이슬람의 영적 전통을 회복하기 위한 여러 위대한 저작을 남기게 된다. 『철학자들의 모순』에서 그는 아비첸나와 알-파라비와 같은 이슬람 철학자들이 헬라스 철학을 지나치게 따르면서 이슬람과 모순되는 주장을 한다고 비판하고, 그들이 범한 스무 가지 철학적 오류를 지적한다. 『종교학의 부흥』은 각 부 10권, 총 4부 40권의 방대한 저작이다. 이 책에서 알-가잘리는 이슬람의 교리와 관행을 설명하고, 이를 통해 어떻게 수피즘의 더 높은 단계에 이를 수 있는지를 밝힌다. 『종교학의 부흥』은 『꾸란』 이후 이슬람 역사상 가장 큰 영향을 끼친 책으로 평가된다.

I. 필경사, 혹은 창조에 관하여

어찌하여 지금은 검은 표시로 뒤덮였느냐? 어찌하여 네 얼굴은 검어졌느냐?' '네가 그렇게 말하는 것은 부당하다'라고 종이는 대답한다. '내 얼굴을 검게 만든 건 내가 아니기 때문이지. 잉크에게 물어봐. 아무런 이유도 없이 잉크 단지에서 나와서는 내게 쏟아졌으니까.' 그러자 사내는 설명을 기대하고 잉크에게 말을 걸지만, 잉크는 펜에게 책임을 전가하며 대답한다. 자신을 조용한 거처에서 떼어내서 종이 위로 추방한 것은 그놈이라고. 다시 사내가 펜에게 물어보자, 펜은 손에게 책임을 전가한다. 자신을 움켜쥔 다음에 잔인하게 그 끄트머리를 둘로 갈라 잉크에 담근 건 손이 아니냐고. 손이 말하길, 자기 자신은 살과 가련한 뼈에 불과하며, 따라서 자기 자신을 움직인 **능력**에게 물어보면 어떠냐고 사내에게 얘기한다. 하지만 **능력**은 **의지**에게 물어보라 하고, **의지**는 **지식**에게 물어보라 하며, 마침내 묻고 또 물으면서 [신의 빛으로] 깨달음을 얻은 이 사내는 신의 **능력**의 칠흑 같은 장막에 이르렀다. 거기서 무시무시한 목소리가 소리친다. '신에게는 그가 하는 일

에 대해 책임을 묻지 않지만, 너희에게는 책임
을 묻게 될 것이니라.'

그러므로 이슬람적 숙명론(나치 강제수용소Lager 수감자 중에서도 가장 어두운 형상인 '무젤만Muselmann'이라는 이름은 여기서 유래한다)의 뿌리는 체념의 태도에 있는 게 아니라, 그와 반대로, 신의 기적이 끊임없이 작동하고 있다는 명징한 믿음에 있다.[15] 그러나 모테칼레밈의 (그리고 그들에 상응하는 기독교 신학자들의) 세계에서는 가능성의 범주가 어쨌든 파괴되었으며, 인간의 잠재성〔능력〕 또한 그 기반을 모조리 상실했음에 틀림없다. 신의 펜의 해명할 수 없는 움직임만이 있을 뿐, 서판 위에서의 그 움직임을 결코 예측하거나 예상할 만한 여지는 전

---

15  무젤만은 나치 강제수용소에서 극심한 기아와 탈진으로 거의 아사(餓死) 상태에 이른 수감자들을 지칭하는 은어이다. 이 용어는 독일어로 '무슬림'을 의미하는데, 이는 굶주린 수감자들이 다리 근위축으로 제대로 서 있지 못하고 많은 시간을 엎드려 있는 모습이 이슬람교도의 기도 자세와 유사한 데서 붙여진 이름이다. 아감벤은 『호모 사케르(Homo Sacer)』(1995)와 『아우슈비츠의 남은 자들(Quel che resta di Auschwitz)』(1998)에서 무젤만을 중요하게 다룬다. 그는 무젤만이 삶과 죽음의 경계에, 그리고 인간과 비인간의 경계에 놓인 형상이라고 해석한다. 아감벤은 바로 그러한 이유, 즉 인간성이 완전히 파괴된 '비인간'으로서의 무젤만이 역설적으로 인간 존재의 본질을 가장 극명하게 드러낸다고 보았다.

I. 필경사, 혹은 창조에 관하여

혀 없다. 세계의 이 절대적 탈양상화demodalizzazione[16]에 맞서, 팔라시파는 여전히 아리스토텔레스의 유산을 지킨다. 사실상 철학의 가장 깊은 의도는 잠재성〔능력〕을 확고히 천명하고 가능적인 것의 경험을 구축하는 데 있다. 사유가 아니라 사고할 수 있는 잠재성〔능력〕이야말로, 글쓰기가 아니라 백지야말로 철학이 그 어떤 대가를 치러서라도 잊고 싶지 않아 하는 것이다.

5. 하지만 사고하기 가장 어려운 것이 바로 잠재성이다. 왜냐하면 잠재성이 항상 그리고 오직 뭔가를 하거나 뭔가일 수 있는 능력이라면, 우리는 잠재성을 결코 그 자체로 경험할 수 없을 것이고, 메가라학파가 주장하듯, 잠재성〔능력〕은 그것을 실현하는 현실성〔활동〕 속에서만 존재할 것이기 때문이다. 잠재성 그 자체의 경험은 잠재성이 항상 또한 (뭔가를 하거나 사고하지) **않을** 잠재력일

---

16  철학에서 양상 개념에는 가능성, 필연성, 우연성 등이 포함된다. 여기서 탈양상화란 이 양상 범주들 가운데 특히 가능성을 제거함으로써 오직 신의 절대적 권능에 의해 정해진 현실만을 남기는 것을 의미한다. 양상 범주를 제거하면 절대적 필연에 따른 결정론적 세계관 즉 숙명론에 이르게 되며, 이는 자유의지와 책임의 자리마저 소멸시킨다.

때에만, 서판이 (그 위에 뭔가) 쓰이지 **않을 수 있을** 때에만 가능할 뿐이다. 그러나 바로 여기서 모든 것이 복잡해진다. 아닌 게 아니라 사고하지 않는 잠재성을 사고함은 어떻게 가능한가? 사고하지 않는 잠재성이 현실성으로 넘어감은 무엇을 뜻하는가? 사유의 본성이 잠재적 상태에 있는 것이라고 한다면, (사고는) 무엇을 사고하게 될 것인가?

『형이상학』, Λ권(1074b15-35)에서 신적인 정신을 다루는 대목에서, 아리스토텔레스는 바로 이런 아포리아들에 부딪힌다.

> 사유의 문제는 몇 가지 아포리아를 내포한다. 사유는 현상들 가운데 가장 신적인 것으로 보이지만, 그 존재 양상은 문제적이다. 정말이지 사유가 아무것도 사고하지 않는다면 (즉, 사유가 사고하지 않을 수 있는 잠재성을 고수한다면), (그것에) 무슨 존경할 만한 게 있겠는가? 그것은 마치 잠자는 사람과 같은 상태에 있겠다. 그 반대로, 사유가 뭔가를 현실적으로(현실성에 있어서) 사고한다면, 사유는 그 뭔가에 종속될 것이다. 이때 사유의 존재는 현실적 사

고가 아니라 잠재성(능력)이기 때문이다. (그리하여) 사유는 가장 고귀한 존재일 수 없을 것이다. 사유의 탁월함은 현실적 사고에서 오기 때문이다(즉, 사유는 잠재적이라는 그 자체의 본질이 아닌 다른 것에 의해 규정될 것이다). 그리고 사유의 잠재성이 잠재적 사유 nous이건 현실적 사유 noēsis이건, 도대체 사유는 무엇을 사고하는가? 그것은 자기 자신을 사고하거나 다른 어떤 것을 사고하거나 할 것이다. 그리고 다른 어떤 것을 사고한다면, 그것은 항상 같은 것을 사고하거나 항상 다른 것을 사고할 것이다. 그러나 선을 사고하는 것과 아무런 것이나 사고하는 것 사이에는 차이가 있지 않은가? 따라서 당연히 사유는 가장 신적이고 존경할 만한 것을 사고하며, (사유는) 변화하지도 않는다. …… 다른 한편, 사유가 현실적 사유가 아니라 사유의 잠재성(능력)이라고 한다면, 연속된 사고는 사유에 당연히 피곤한 일이 될 것이다. 게다가 그럴 경우, 사유보다 더 탁월한 어떤 것이, 즉 사고되는 것이 있을 것이다. 사실상, 사유함과 현실적 사유는 가장 저

열한 것들을 사고하는 자에게도 속한다. 그런 일을 마땅히 피해야 한다면(실제로, 보지 않는 게 나은 것들이 있다), 현실적 사유는 가장 좋은 것이 될 수 없다. 그러므로 사유는 그것이 가장 탁월하다면 자기 자신을 사고하고, 그 사유는 사유에 대한 사고이다.[17]

여기서 아포리아는, 최고의 사유는 아무것도 사고하지 않을 수도 없고 뭔가를 사고할 수도 없으며, 잠재적 상태에 머물 수도 없고 현실성으로 넘어갈 수도 없으며, 쓸 수도 없고 쓰지 않을 수도 없다는 것이다. 그리고 아리스토텔레스는 이와 같은 아포리아에서 벗어나려, 자기 자신을 사고하는 사유라는 그의 유명한 테제를 언표한다. 이는 아무것도 사고하지 않음과 뭔가를 사고함 사이의, 잠재성과 현실성 사이의 일종의 중간 지점이다. 자기 자신을 사고하는 사유는 어떤 대상을 사고하는 것도 아니고 아무것도 사고하지 않는 것도 아니다. 그것은 (사고할 수도 있고 사고하지 않을 수도 있는) 순수한 잠재성(능력)을 사고한다. 그리고 자기 자신의 잠재성(능력)을 사

---

17   아리스토텔레스, 『형이상학 2』, 조대호 옮김, 167-168쪽.

I. 필경사, 혹은 창조에 관하여

고하는 것은 가장 신적이고 지극히 복되다.

하지만 아포리아는 풀리자마자 곧 다시 묶인다. 아닌 게 아니라 사고할 수 있는 잠재성[능력]이 자기 자신을 사고한다는 것은 무엇을 뜻하는가? 순수한 잠재성을 현실적으로 사고하기는 어떻게 가능한가? 아무것도 쓰여 있지 않은 서판은 어떻게 자기 자신으로 다시 향하고 **스스로를 각인할**impressionarsi 수 있는가?

『영혼론』에 관한 주해에서 백지tabula rasa의 수수께끼에 대해, 그리고 자기 자신을 사고하는 사유라는 수수께끼에 대해 숙고하면서, 알베르투스 마그누스Albertus Magnus는 바로 위와 같은 물음들에 주목한다. 그는 아베로에스Averroës[18]에게 "전적으로 동의한다"라고 선언하는데, 그 아베로에스는 잠재적 상태에 있는 사유를 모든 인간 존재에 공통된 유일한 실체로 만들면서, 그것에 최고의 지위를 부여했다. 하지만 아베로에스는 이 결정적 지점을 꽤 성급하게 다뤘다. 지성intelletto 그 자체가 가지적可知的[지성으로 파악 가능한], intelligibile이라고 하는 아리스토텔레스의 테제는 어떤 대상이든 그것이 가지적이라

---

18  원래 이름은 이븐 루시드(Ibn Rushd, 1126-1198)이다. 아리스토텔레스의 저술들에 관해 많은 주석서를 썼으며, 그의 해석은 이후 스콜라 철학의 발전에 크게 기여했다.

고 말할 때와 같은 의미로 이해될 수 없었다.[19] 실제로, 잠재적 상태에 있는 지성은 하나의 사물이 아니다. 그것은 어떤 것이 그것을 통해 이해되는 의도intentio와 다름없다. 그것은 인식된 대상이 아니라 순수한 인식 가능성과 수용 가능성pura receptibilitas에 다름없다. 메타언어의 불가능성에 관한 비트겐슈타인Ludwig Wittgenstein의 테제를 선취하면서, 알베르투스는 어떤 (지성적) 이해 가능성intellegibilità이 자기 자신을 이해한다고 말하는 것이 (지성적) 이해 가능성을 사물화하거나, 그것을 메타-지성metaintelligenza과 대상-지성intelligenza-oggetto으로 쪼갠다는 뜻일 수 없음을 명확하게 본다. 사유의 글쓰기는 외부의 손에 이끌려 부드러운 밀랍을 긁는 글쓰기가 아니다. 오히려 사유의 잠재성(능력)이 자기 자신으로 다시 향하고, 순수한 수용성이 이른바 자신의 감각하지 않음을 감각하는 지점에서, "그것(사유의 잠재성(능력))은마치 문자가 서판 위에 스스로 쓰이는 것 같다(et hoc simile est, sicut si diceremus quod litterae scriberent seipsas in

---

19  아감벤이 이 책에서 쓰고 있는 intelletto, intelligenza, pensiero는 교환가능한 단어들이다. 따라서 본문의 "지성 그 자체가 가지적"이라는 아리스토텔레스의 테제는, 우리가 앞서 『형이상학』 인용문에서 보았듯, "사유 그 자체를 사고할 수 있다"는 말과 다를 바 없다.

I. 필경사, 혹은 창조에 관하여

tabula)"[20]라고 알베르투스는 적었다.

6. 진부한 말이지만, 3대 일신교(유대교, 이슬람교, 기독교)는 하나같이 세계가 무에서 창조되었다고 설명한다. 기독교 신학자들은 **무에서의 제작**operari ex nihilo인 창조를 장인의 활동에 맞세운다. 장인의 활동은 항상 질료로 만드는 것facere de materia이니 말이다. 랍비들과 모테칼레밈 역시, 무에서는 아무것도 만들어지지 않기nihil ex nihilo fit에 신이 무에서 세계를 창조했을 리 없다고 주장하는 철학자들의 견해에 단호히 맞서 싸운다. 매번 핵심은 질료(즉 잠재적 존재) 같은 어떤 것이 신보다 앞서 존재할 수 있다는 관념마저 논박하는 것이다. 그러나 '무에서 창조한다'는 것은 무엇을 뜻할까? 문제를 좀 더 가까이에서 살펴보면, 모든 것이 복잡해지고, 무는 매우 특수하긴 해도 어떤 것과 점점 더 닮아가기 시작한다.

마이모니데스Maimonides는 『방황하는 자들을 위한 안내서Dalālat al-ḥā'irīn』에서 자신이 무에서의 창조를

---

20  Averroes, *Commentarium Magnum in Aristotelis De anima libros*, Liber III, Tractatus II, Caput XVII.

설파하겠노라 역설하지만, 그는 『랍비 엘리에제르의 말씀Pirké de-Rabbi Eliezer』으로 알려진 권위 있는 미드라시 midrash[21]의 한 구절을 눈앞에 두고 있었다. 이 미드라시는 "신학자와 학자의 신앙을 크게 흔들어버린다." 창조의 질료를 생각하지 않을 수 없는 뭔가가 거기에 등장하기 때문이다. 거기에는 이렇게 적혀 있다. "하늘은 무엇에서 창조되었는가? 신은 자신의 옷에서 빛을 취하고는 그 빛을 담요처럼 쭉 폈다. 그리하여 하늘이 펼쳐졌다. '그분은 옷처럼 빛을 두르고 하늘을 양탄자처럼 펼친다'라고 적혀 있는 것 그대로이다." 게다가 꾸란의 구절에 따르면, 신은 "네가 무였을 때(하나의 비-사물이었을 때), 우리는 너를 창조했다"라고 말하면서 피조물을 불러 세웠다고 한다. 하지만 수피들은 이 구절을 두고 신이 창조 활동에서 그것에게 "있으라!" 하고 외칠 수 있었으므로 이 비-사물은 순수한 무가 아님이 증명되었다고 주장한다.

사실을 말하자면, 유대교, 이슬람교, 기독교의 신학자들이 무에서의 창조라는 관념을 정식화했을 때, 신플라톤주의는 그로부터 모든 것이 생겨나는 무를 최고의

---

21 '조사' 또는 '연구'를 뜻하는 히브리어로서, 히브리어 성경인 타나크의 구절을 하나하나 연구하고 해석하는 방법, 그리고 그렇게 형성된 해석 문헌들을 통칭하는 단어이다.

원리로 이미 인식하고 있었다. 신플라톤주의자들은, 이른바 위로부터 존재자들을 초월하는 무와 아래로부터 존재자들을 초월하는 무라는 두 개의 무를 구별했듯, 두 개의 질료를 구별했다. 한쪽은 비물체적 질료이고, 다른 한쪽은 신체적 질료이다. 후자는 가지적 존재자들의 어둡고 영원한 바탕과 같다. 카발라 학자들과 신비가들은 이 테제를 극단으로 밀어붙였고, 그들의 통상적인 급진성으로, 그로부터 모든 창조가 생겨나는 무란 신 그 자체라고 단도직입적으로 주장했다. 신적 존재(심지어 초-존재super-essere)란 존재자들의 무이며, 신은 이른바 무에 푹 빠져들었기에 비로소 세계를 창조할 수 있었다. 스코투스 에리우게나Johannes Scotus Eriugena는 『자연 구분론De divisione naturae』에서 「창세기」의 구절〔1장 2절〕 "땅이 아직 혼돈하고 공허하며, 어둠이 심연의 면 위에 있고terra autem erat inanis et vacua et tenebrae erant super faciem abyssi"에 주석을 달면서, 이것이 신의 정신 속에서 영원히 생성되는 모든 존재자의 원초적 이념이나 원인을 가리킨다고 한다. 오로지 이 어둠으로, 이 심연으로 내려가야만 비로소 신은 세계를 창조하며, 이와 동시에 신 그 자신도 창조한다(descendens vero in principiis rerum ac velut se ipsam creans in aliquo inchoat esse)는 것이다.[22]

여기서 제기되는 문제는 정말로 신 안에 가능성이나 잠재성이 존재하는가의 문제이다. 모든 〔~할〕 잠재성은 또한 〔~하지〕 않을 잠재성이라고 아리스토텔레스가 말했으므로, 신학자들은 신의 전능함을 주장하면서도 동시에 신에게서 존재할 수 있고 원할 수 있는 모든 잠재성을 부정할 수밖에 없었다. 신 안에 존재할 수 있는 잠재성이 있다면, 신은 존재하지 않을 수도 있으며, 이는 신의 영원성과 모순될 것이다. 다른 한편, 신이 그 자신이 원하는 것을 원하지 않을 수 있다면, 그는 비-존재와 악을 원할 수도 있으며, 이는 니힐리즘의 원리를 신 안에 도입하는 것이나 마찬가지이다. 그래서 신학자들은 이렇

---

22  Iohannis Scotti Erivgenae, *Periphyseon (De Divisione Naturae). Liber tertivs*, edited by I. P. Sheldon-Williams ; with the collaboration of Ludwig Bieler, Dublin: Dublin Institute for Advanced Studies, 1981, pp. 186-187.
"나는 오직 중간의 이유가 남아 있다고 생각하며, 이는 두 가지 방식으로 그 관찰자들에게 나타난다. 첫째, 신성한 본성이 창조되고 창조하는 것으로 보일 때이다. 왜냐하면 그것은 원초적인 원인 안에서 스스로 창조되고, 따라서 스스로를 창조하기 때문이다. 즉, 그 자신의 신현(神顯, theophany)들 안에서 나타나기를 허용하며, 그 자신의 가장 숨겨진 본성의 깊은 곳에서 나오기를 원한다. 그 안에서 그것은 그 자신조차 알 수 없으며, 즉 그것은 무(無) 안에서 그 자신을 알게 된다. 왜냐하면 그것은 무한하고 초자연적이며 초본질적이고 이해할 수 거나 없는 모든 것을 초월하기 때문이다. 그러나 사물의 원리 안으로 내려가 마치 스스로를 창조하는 것처럼 어떤 것 안에서 자기 자신을 알기 시작한다."

I. 필경사, 혹은 창조에 관하여

게 결론 내린다. 즉 신이 그 자신 안에 잠재적으로 무제한의 잠재성을 갖고 있다고 하더라도, 신은 그 자신의 의지에 구속되며, 그 자신이 원한 것과는 다른 그 어떤 것을 할 수도 원할 수도 없다. 신의 의지는 그의 존재처럼, 말하자면, 절대적으로 잠재성을 결여한다.

이와 대조적으로 신비가들과 카발라 학자들이 창조 이전에 전제하는 어두운 질료는 바로 신의 잠재성이다. 창조 활동은 신이 심연으로 하강하는 것으로, 이 심연은 신 그 자신의 잠재성과 비잠재성의 심연과, 신의 할 수 있음과 하지 않을 수 있음의 심연과 다름없다. 1210년에 이단 선고를 받은 디낭의 다비드David de Dinant[23]가 제시한 과격한 정식화에 따르면, 신과 사유와 질료는 동일한 하나이며, 이 무차별적인 심연은 이로부터 세계가 생기는 무인 것이며, 세계가 영원히 의존하는 무인 것이다. 여기서 '심연'은 은유가 아니다. 야콥 뵈메Jakob Böhme가 단도직입적으로 주장하듯, 신에게 심연이란 어둠의 생명

---

[23] 디낭의 다비드(c. 1160-1217)는 범신론을 신봉한 철학자였다. 파리대학교에서 가르쳤으며, 아리스토텔레스의 자연학과 형이상학을 연구하고 그 영향을 받았다. 그러나 그의 저서 『작은 노트(Quaternuli)』는 1210년 지방 공의회에서 이단으로 선고되었다. 『작은 노트』는 불태워졌고, 다비드의 저술을 소지한 자 역시 이단자로 간주되었다. 본문에서도 언급되었듯, 다비드는 신(Deus), 지성(nous), 제일 질료(materia prima)를 동일시했다.

이요, 지옥의 신적인 뿌리인바, 그 안에서 무가 영원히 생성된다. 우리가 이 타르타로스Tartaros(무간지옥)에 **빠져들고** 우리 자신의 비잠재성을 경험하는 데 성공하는 지점에서만 우리는 창조할 수 있게 되며, 우리는 **시인**이 된다. 그리고 이 경험에서 가장 어려운 것은 많은 사람이 여전히 그 안에 갇혀 있는 무 혹은 그 어둠이 아니다. 가장 어려운 것은 이 무를 무화해, 무에서 뭔가를 존재하게 할 수 있는 것이다. 이븐 아라비는 『메카 계시』의 서두에서, "무에서 사물을 존재하게 하고 무를 무화한 신은 찬양받으소서"라고 적고 있다.

## II. 정식, 혹은 잠재성에 관하여

1. 이것이 필경사 바틀비가 속하는 철학적 성좌이다. 쓰기를 넘춘 필경사 바틀비는 모든 창조가 그로부터 나오는 무의 극단적 형상이며, 동시에 순수하고 절대적인 잠재성(능력)인 이 무에 대한 가장 집요한 주장이다. 필경사는 서판이 되었으며, 이제 그는 자기 자신의 백지 외에 아무것도 아니다. 따라서 그가 가능성의 심연에 그토록 고집스럽게 머물러 있고 또 그곳을 떠날 생각이 눈곱만큼도 없어 보인다는 건 놀라운 일이 아니다. 우리의 윤리적 전통은 잠재성(능력) 문제를 자주 의지와 필연성의 용어로 환원해 회피하려고 노력해왔다. 이러한 전통의 지배적 테마는 무엇을 **할 수 있는가**가 아니라 무엇을 **원하는가** 혹은 무엇을 **해야 하는가**이다. 이는 법률가가 바틀비에게 끊임없이 상기시킨 것이다. 우체국에 다녀오라는 (법률가의) 요청("우체국에 다녀오게, 원하지 않는가?")에 바틀비가 평소처럼 "하지 않는 편이 더 좋겠는데요 I would prefer not to"라고 대답하자, 법률가는 바틀비의 답변을 "**원하지 않는다고?** You *will* not?"로 성급하게 번역해버린다. 하지만 '온화하지만 확고한' 목소리로 바틀

비는 "하지 않는 편이 **더 좋습니다** I prefer not"라고 분명하게 말한다.[1] ("I prefer not"은 일반적으로 쓰는 정식인 "I would prefer not to"를 변주해 (바틀비가) 유일하게 쓴 말로, 세 차례 나온다.[2] 바틀비가 조건법을 포기하는 까닭은 그렇게 함으로써만, 비록 양태적 용법일지라도, 동사 '원하다 volere, will'의 모든 흔적을 지울 수 있게 해주기 때문이다). 법률가가 필경사를 자기 나름대로 이해해보려고 진심으로 노력할 때, 그가 몰두하는 독서는 자신이 사용하려고 의도한 범주들에 관한 어떠한 의구심도 남겨두지 않는다. **에드워즈** Jonathan Edwards**의 의지(론)와 프리스틀리** Joseph Priestley**의 필연(론)**.[3] 하지만 잠재성은

---

[1] Herman Melville, "Bartleby the Scrivener," in *Billy Budd Sailor and Other Stories*, ed. Harold Beaver, London: Penguin Books, 1985, p. 73. 허먼 멜빌, 『필경사 바틀비』, 공진호 옮김, 문학동네, 2011, 40-41쪽.
"바틀비, 진저 너트가 없는데 자네가 우체국에 좀 다녀오지 않겠나? (걸어서 삼 분 거리였다.) 가서 내게 배달 온 게 있나 좀 보게."
"안 하는 편을 택하겠습니다(I would prefer not)."
"안 하겠다고(You will not)?"
"안 하는 편을 택한다고요(I prefer not)."

[2] I prefer not과 I prefer not to를 합치면 다섯 차례 등장한다.

[3] Herman Melville, "Bartleby the Scrivener," pp. 88-89. 허먼 멜빌, 『필경사 바틀비』, 공진호 옮김, 71쪽.
"그러고는 며칠이 지났다. 그동안 나는 한가한 틈틈이 '에드워즈의 의지'와 '프리스틀리의 필연'에 관해서 조금 연구했다. 그 상황에서 그런 책들은 내게 유익한 기분을 일으켰다. 나는 그 필경사와 관련된 걱정거리들이 모두 영겁의 세월 전

의지가 아니며 비잠재성은 필연이 아니다. 이러한 독서가 법률가에게 "유익한 기분"을 불어넣었지만, 그의 범주들은 바틀비에게 아무 영향도 미치지 못한다. 의지가 능력〔잠재성〕에 대해 힘을 갖는다고 믿는 것, 활동〔현실성〕으로의 이행이 능력의 양의성ambiguità(그것은 늘 할 수 있는 능력과 하지 않을 수 있는 능력이다)을 종식시키는 결단의 결과라고 믿는 것—이것이 바로 도덕이 품고 있는 영원한 환상이다.

중세 신학자들은 신에게서 다음의 두 가지 능력을 구별한다.[4] 하나는 절대적 능력potentia absoluta으로, 이것에 의해서 신은 무엇이든 할 수 있다(몇몇 신학자에 따르면, 〔이것에 의해서 신은〕 심지어 악을 행할 수도 있고, 세상이 존재하지 않았던 것처럼 만들거나, 소녀의 잃어버린 순결도 회복시켜줄 수 있다). 다른 하나는 규정

---

부터 예정되었으며, 바틀비는 전적으로 지혜로운 신의 어떤 신비로운 뜻에 따라 나와 함께 살도록 숙사를 배정받았다는 확신에 점차 빠져들었다."
언급된 책의 온전한 제목은 조너선 에드워즈(Jonathan Edwards)의 『의지의 자유(The Freedom of the Will)』(1754)와 조지프 프리스틀리(Joseph Priestly)의 『철학적 필연의 교리(The Doctrine of Philosophical Necessity)』(1777)이다.

[4] 이 주제를 다루는 중세 철학의 대표적인 저술로는 피터 다미안(Peter Damian)의 『신의 전능함에 관하여(De divina omnipotentia)』(1065), 오리게네스(Origenes)의 『켈수스 논박(Contra Celsum)』(248), 둔스 스코투스(Duns Scotus)의 『정본(Ordinatio)』(1300-1304) 등이 있다.

II. 정식, 혹은 잠재성에 관하여

된 능력potentia ordinata으로, 이것에 의해서 신은 그 자신의 의지에 부합하는 것만을 할 수 있다. 의지는 능력의 무차별한 혼돈에 질서를 부여할 수 있게 하는 원리이다. 따라서 신이 거짓말을 할 수 있고 위증을 할 수 있으며 성자 대신에 여자나 동물로 육화할 수 있었다는 게 사실이더라도, 그는 그렇게 하기를 원치 않았으며 그렇게 하기를 원할 수도 없었을 것이다. 그리고 의지가 없는 능력은 완전히 실효성이 없으며, [그것은] 활동으로 넘어갈 수도 없다.

바틀비는 바로 의지가 능력(잠재성)보다 우위에 있다는 이런 생각을 의문에 부친다. 신이 (적어도 규정된 능력에 의해서는de potentia ordinata) 그 자신이 원하는 것만을 진정으로 할 수 있다면, 바틀비는 [그 자신이] 원하지 않고서만 할 수 있다. 즉, 그는 (그의) 절대적 능력에 의해서de potentia absoluta만 할 수 있다. 그렇다고 해서 그의 능력이 실효성이 없는 것도 아니고 [그의 능력이 자신의] 의지의 결여 탓에 현실화하지 않은 채로 남는 것도 아니다. 반대로, 그의 능력은 모든 부분에서 의지(자기 자신의 의지이든 타인의 의지이든)를 초과한다. 카를 발렌틴Karl Valentin의 재담인 "하고 싶어, 그건 내가 원한 거야, 하지만 그럴 수 있다고 느끼지 못했지"를 뒤집어서,

우리는 바틀비가 그것을 전혀 원하지 않고서 할 수 있는 (그리고 할 수 없는) 데에 성공했다고 말할 수 있다. 여기서 그의 "하지 않는 편이 더 좋겠는데요I would prefer not to"라는 말이 지닌 축소 불가능성이 나온다. 그것은 그가 필사하기를 **원하지 않는**다거나 그가 사무실을 떠나지 않기를 **원한다**는 게 아니다. 그는 그저 그것을 하지 않기를 선호한다. 그가 고집스럽게 반복하는 정식은 할 수 있음potere과 원함volere 사이의, 절대적 능력potentia absoluta과 규정된 능력potentia ordinata 사이의 관계를 구축할 수 있는 모든 가능성을 파괴한다. 그것이 바로 잠재성의 정식이다.

2. 질 들뢰즈Gilles Deleuze는 이 정식의 특수한 성격을 분석한 바 있다. 그는 언어학자들이 비문법적이라고 정의한 커밍스E. E. Cummings의 "he danced his did"[5]나 "j'en

---

[5] E. E. Cummings, *Complete Poems 1904–1962*, New York: Liveright, 1994, p. 515. 따로 제목이 없어 첫 행인 "anyone lived in a pretty how town"을 제목으로 삼는 시의 첫 연에 해당 구절이 나온다.
"anyone lived in a pretty how town
(with up so floating many bells down)
spring summer autumn winter

ai un de pas assez" 같은 표현에 이 정식을 견주었으며, 이 정식의 파괴력은 그것의 은밀한 비문법성에 있다고 보았다.[6] "그 정식은 말과 사물 사이의, 말과 활동 사이의 연결뿐 아니라 활동과 말 사이의 연결을 끊는다. 그것은 바틀비의 절대적 소명에 부합하게끔 언어활동을 모든 참조점에서 잘라낸다. 그 소명이란 **참조점 없는 인간**

---

he sang his didn't he danced his did."

6   Gilles Deleuze, *Critique et clinique*, Paris: Éd. de Minuit, 1993, pp. 89–90. 질 들뢰즈, 『비평과 진단』, 김현수 옮김, 인간사랑, 2000, 126–127쪽.
"언어학자들은 이른바 '비문법성(agrammaticalité)'을 엄밀하게 분석했다. 그에 대한 매우 강렬한, 많은 예시를 미국 시인 커밍스에게서 찾아볼 수 있다. 예를 들어 He danced his did가 그러한데, 이는 마치 우리가 "그는 춤추기 시작했다(il se mit à danser)" 대신 "그는 그의 했던 것을 춤췄다(il dansa son mit)"라고 말하는 것과 같다. 니콜라스 뤼베(Nicolas Ruwet)는 비문법적 정식이 그것의 한계가 될 수 있을 일련의 보통 문법 변수들을 가정할 수 있다고 설명한다. he danced his did는 he did his dance(그는 그의 춤을 했다), he danced his dance(그는 그의 춤을 춤췄다), he danced what he did(그는 그가 한 것을 춤췄다) 같은 정상적 표현들의 한계일 거라는 것이다. 이것은 이제 루이스 캐럴(Lewis Carroll)에서 볼 수 있는 말-가방(mot-valise)이 아니라, '구조-가방(construction-valise)', 숨결-구조, 한계, 텐서일 것이다. 어쩌면 실제 상황에서 볼 수 있는 프랑스어로 예를 드는 게 더 좋을 수 있겠다. 벽에 뭔가를 고정하려고 손에 못 여러 개를 쥐고 있는 누군가가 이렇게 외친다. J'EN AI UN DE PAS ASSEZ. 이것은 일련의 바른 표현—"J'en ai un de trop(하나가 너무 많아), Je n'en ai pas assez(충분치 않아). Il m'en manque un(하나가 부족해) ……"의 한계로서 유효한 비문법적인 정식이다. 바틀비의 정식은, 바틀비 자신의 상투어이자 멜빌의 고도로 시적인 표현으로서, "나는 이것을 선호하겠다, 나는 저것을 하지 않는 편을 선호하겠다, 이것은 내가 선호할 바가 아니다. ……"와 같은 일련의 (표현들의) 한계가 아닐까? 정상적인 구조에도 불구하고 비정상으로 들리는.

되기être un homme sans références, 즉 그 자신이나 다른 어떤 것에 대한 참조 없이 돌발했다가 사라지는 사람 되기이다."[7] 필립 자보르스키Philippe Jaworski는 이 정식이 긍정도 부정도 아니라고, 바틀비는 (이 정식을) "받아들이지도 거부하지도 않으며, 앞으로 나가고, 또 앞으로 가면서 뒤로 물러선다"라고 지적했다.[8] 또는 들뢰즈가 시사하듯, 이 정식은 예와 아니오 사이에, 선호할 수 있는 것과 선호되지 않은 것 사이에 식별 불가능성의 지대를 연다.[9] 또한, 우리가 관심 두는 관점에서 보면, (뭔가) 일 수

---

7  Gilles Deleuze, *Critique et clinique*, p. 95. 질 들뢰즈, 『비평과 진단』, 김현수 옮김, 135쪽. 들뢰즈가 인용한 마티외 랭동의 연구는 다음을 참조. Mathieu Lindon, "Bartleby," *Delta* 6, mai 1978, p. 22.

8  Gilles Deleuze, *Critique et clinique*, p. 92. 질 들뢰즈, 『비평과 진단』, 김현수 옮김, 130쪽. 들뢰즈가 인용한 필립 자보르스키의 연구는 다음을 참조. Philippe Jaworski, *Melville, le désert et l'empire*, Paris: Presses de l'Ecole normale, 1986, p. 19.

9  앞서 인용한 구절에 바로 이어지는 다음 대목을 참조. Gilles Deleuze, *Critique et clinique*, p. 92. 질 들뢰즈, 『비평과 진단』, 김현수 옮김, 130–131쪽.
"소송 대리인은 바틀비가 원하지 않는다면 안심했겠지만, 바틀비는 거부하지 않고, 선호되지 않는 것(재독서, 심부름……)만을 거부한다. 그리고 바틀비는 더는 받아들이지 않고, 필사를 계속하는 일같이 (저 자신이) 선호할 수 있는 것을 긍정하지 않으며, 단지 그것의 불가능성을 제시할 뿐이다. 요컨대 다른 모든 활동을 연속적으로 거부하는 정식은 거부할 필요조차 없는 필사 활동을 이미 삼켜버렸다. 그 정식은 선호되지 않는 아무것만큼이나 선호할 수 있는 것마저 무자비하게 제거하기 때문에 파괴적이다. 그 정식은 자신이 짊어진 용어를 폐지하고 거부할뿐더러 보존하는 듯 보였으나 불가능해져버린 다른 용어도 폐지한다. 사실상 그 정식은 그 용어들을 구분 불가능하게 한다. 그것은 선호되지 않은 활동

있는(또는 할 수 있는) 능력과 〔뭔가〕 이지 않을 수 있는(또는 하지 않을 수 있는) 능력 사이에 식별 불가능성의 지대를 연다고 하겠다. 이 정식을 끝맺는 마지막 'to'는 전방조응의anaforico〔앞에서 말한 사항을 지시하는〕 성격을 띤다. 이는 'to'가 현실의 한 부분을 직접적으로 지시하지 않고, 오히려 자기 자신의 의미를 유일하게 그것으로부터 끌어내는 선행사를 지시하기 때문이다. 그러나 여기서 이 전방조응은 모든 참조 대상을 상실하는 지점으로까지 절대화하는 듯하며, 이른바 문구 그 자체로 다시 향하는 듯하다. 이는 자기 자신을 중심으로 회전하고, 현실의 대상이나 전방조응하는 용어도 더는 참조하지 않는 절대적 전방조응이다(~하지 않는 편이 더 좋은 것을 하지 않는 편이 더 좋겠는데요I would prefer not to prefer not to …).[10]

---

과 선호할 수 있는 활동 사이에 끊임없이 증가하는, 식별 불가능성의 지대를, 비결정성의 지대를 판다. 모든 특수성, 모든 참조점이 폐지되는 것이다. 그 정식은 '필사하기', 즉 뭔가를 선호하거나 선호하지 않을 때의 유일한 참조점을 무화한다. **나는 뭔가보다 무를 선호할 것이다**(Je préférerais rien plutôt que quelque chose). 무의 의지가 아니라 의지의 무의 증가."

10 「필경사 바틀비」에 등장하는 구절 I would prefer not to …에서 to …는 보통 앞에 제시된 to (do something)—예컨대 변호사의 지시인 'to examine a small paper with me', 'to help me compare this sheet here', 'to step around to the Post Office, and to see if there is anything for me', 'to tell me anything about yourself'

이 정식은 어디서 유래할까? (그 정식의) 가능한 전조로서 (멜빌이) 호손Nathaniel Hawthorn에게 보낸 편지의 한 대목이 인용되곤 하는데, 거기서 멜빌Herman Melville은 예에 맞서 아니오를 칭송한다("예라고 말하는 사람은 모두 거짓말을 하고 있는 겁니다. 그리고, 아니오라고 말하는 사람은 모두—아, 그들은 유럽을 여행하는 신중하고 홀가분한 여행자들처럼 행복한 상태에 있습니다. 그들은 여행용 가방 하나 달랑 들고 국경을 넘어 **영원**으로 향합니다—다시 말해서, **자아**Ego라는 가방 말입니다."[11] 이것만큼 부적절한 레퍼런스도 없을 것이다. 바틀비는 동의하지 않지만 그렇다고 단순히 거부하지도 않는다. 영웅적인 부정의 파토스만큼 그에게서 낯선 것도 없다. 서구 문화사에서 긍정과 부정 사이, 수락과 거부 사이, 넣기와 빼기 사이에서 이토록 단호하게 평형상태를 유지하는 정식은 하나밖에 없다. 형태론적으로도 의미론적으로도 필경사의 넋두리와 닮은 그 정식은 특히 19세

---

등—를 생략한 전방조응사이다. 하지만 아감벤은 이 to …가 외부의 현실 대상에 대한 참조 없이 오직 자기 자신만을 참조하며 I would prefer not to 'prefer not to'처럼 재귀적으로 쓰이는 상태까지 나아간다고 주장하는 것이다.

11  Herman Melville, "To Nathaniel Hawthorne(16? April? 1851, Pittsfield)," *The Letters of Herman Melville*, Edited by Merrell R. Davis & William H. Gilman, New Haven: Yale University Press, 1960, p. 125.

기의 교양인이라면 그 누구나 친숙했던 텍스트, 즉 디오게네스 라에르티오스Diogenes Laertius의 『유명한 철학자들의 생애와 사상Vitae Philosophorum』에 기록되어 있다. 그것은 우 말론ou mallon, 즉 더 ~하지 않다는 정식이다. 그것은 회의론자들이 자신들의 가장 고유한 파토스인 에포케epochē, 즉 판단중지 상태를 가리킬 때 쓰는 전문 용어이다.

디오게네스는 퓌론Pyrrhon의 생애를 다룬 장에서 이렇게 썼다. "회의론자들은 이 표현('더 ~하지 않다')을 긍정적thetikōs으로도 부정적anairetikōs으로도 사용하지 않는다. 예를 들어, 그들이 어떤 명제를 논박하면서 '스퀼라Skylla가 키마이라Chimaira보다 더 존재하지는 않는다ou mallon[스퀼라도 존재하지 않는다는 점에서는 키마이라와 마찬가지다]'라고 말할 때가 그렇다."[12] 그러나 이

---

12  Diogenes Laertius, *Vitae philosophorum*, IX, §75. 디오게네스 라에르티오스, 『유명한 철학자들의 생애와 사상 2』, 김주일 외 옮김, 도서출판 나남, 2021, 288-289쪽.
"한편 '더 ~하지 않다'는 어떤 것들이 서로 닮았다고 말할 때에는 긍정적 의미로도 사용된다. 예컨대 '해적은 거짓말쟁이보다 더 나쁘지 않다'가 그런 경우이다. 반면에 회의론자들은 긍정적 의미로 사용하지 않고, '스퀼라가 키마이라보다 더 존재했던 것은 아니다'와 같이 반박하며 말할 때처럼 부정적 의미로 사용한다." 디오게네스 라에르티오스의 모든 사본에서는 두 번째 문장을 'hypo de tōn skeptikōn ou thetikōs all'anairetikōs legetai, hōs hypo tou anaskeuazontos kai

바틀비 혹은 우연성에 관하여

용어는 단순한 비교급으로 이해되어서는 안 된다. "사실상 회의론자들은 '더 ~하지 않다' 자체도 폐기한다. 섭리는 섭리가 존재하지 않는 것보다 더 존재하지는 않는 것처럼, '더 ~하지 않다'도 그것이 존재하지 않는 것보다 더 존재하지는 않는다."[13] 섹스투스 엠피리쿠스Sextus Empiricus 역시 더 ~하지 않다ou mallon가 갖는 이 특수한 자기 참조적 지위를 끈질기게 반복한다. "'모든 언술은 거짓이다'라는 명제는 다른 명제와 같이 그 명제도 거짓이라고 말하는 것이다. 이와 마찬가지로, '더 ~하지 않다'라는 정식은 그 정식이 존재하지 않는 것보다 더 존재하

---

legontos, 'ou mallon hē Skylla gegonen ē hē Chimaira'로 새기고 있다. 따라서 회의론자들은 ou mallon을 '부정적' 의미로 사용한다. 다만 아감벤은 이어지는 섹스투스 엠피리쿠스의 해석을 따라 ou mallon이 긍정도 부정도 아닌 무차별적인 방식으로 사용되었다고 본다. 엄밀히 말하면, ou mallon은 A가 B보다 더 ~하지 않다의 형식을 취하면서, 결국 A와 B 사이에서 결정 불가능성 또는 판단중지를 함축한다.

13   Diogenes Laertius, *Vitae philosophorum*, IX, §76. 디오게네스 라에르티오스, 『유명한 철학자들의 생애와 사상 2』, 김주일 외 옮김, 289쪽.
"한편 회의론자들은 '더 ~하지 않다'라는 소리 자체도 제거한다. 왜냐하면 섭리는 그것이 있지 않은 것보다 더 있지 않은 것은 아닌 것처럼, 그렇게 '더 ~하지 않다' 역시 있지 않다보다 더 있지는 않기 때문이다. 이리하여 그 소리는 티몬(Timon)도 『퓌톤(Python)』에서 말하듯이 '아무것도 규정하지 않고 판단을 보류하는 것'을 의미한다. 한편 '모든 논변으로'라는 소리 자체도 판단중지와 결부된다. 사물들이 불일치하고 논변들이 동등효과를 가지면 진리에 대한 무지가 뒤따르기 때문이다. 한편 이 논변 자체에도 그 논변이 대립되어 다른 논변들을 제거한 뒤에 그 논변은 그 논변 자체에 의해 뒤집어지고 소멸된다."

II. 정식, 혹은 잠재성에 관하여

지는 않는다고 말하는 것이다. …… 이 정식이 긍정문으로 제시되든 부정문으로 제시되든 우리는 그것을 그런 의미로(긍정이나 부정의 의미로) 사용하는 게 아니라 무차별한adiaphorōs 방식으로, 그리고 남용하는katachrēstikos 의미로 사용한다."[14]

필경사가 그의 완고한 정식을 사용하는 방식을 이보다 더 정확히 특징지을 수는 없을 것이다. 그러나 이 유비를 다른 방향으로도 이어 나갈 수 있다. (『퓌론주의 개요』에서) 섹스투스는 더 ~하지 않다ou mallon라는 표현의 의미를 논평하고 나서 이렇게 덧붙인다. "가장 중요한

---

14 Sextus Empiricus, *Pyrrhoniae Hypotyposes*, I, §§14, 190-191. 섹스투스 엠피리쿠스, 『피론주의 개요』, 오유석 옮김, 지만지, 2008, 29, 103쪽.
"왜냐하면 '모든 것이 거짓이다'라는 소리나 '어떤 것도 참이 아니다'라는 진술이 다른 모든 것과 더불어 그 문장 자체도 거짓임을 말하듯이, '하나도 더 ~하지 않다'라는 소리 또한 다른 모든 진술과 마찬가지로 그 진술 자체도 다른 진술들보다 더 사실인 것은 아니라는 것을 주장하고 있으며, 이런 이유로 이 진술은 다른 진술들과 함께 그것 자체의 진리 주장을 무효화하고 있다고 회의론자는 추정하기 때문이다." 그리고 "'이것이 저것보다 더 존재하지 않는다'는 것은 또한 우리의 겪은 바(pathos)를 나타내는데, 이에 따라 우리는 서로 대립하는 대상들의 가치(혹은 힘)가 동등함으로 인해서 평형상태에 이르게 된다. 우리가 '가치(혹은 힘)의 동등함(isostheneia)'이라고 말하는 것은 우리에게 그럴듯하게 보이는 정도에 있어서 동등함을 의미하며, '대립(antikeimena)'이라는 말은 일반적으로 서로 싸운다는 것을 말하며, 평형상태(arrepsia)란 그 어느 쪽에도 동의하지 않음을 뜻한다. 그러므로 '하나도 더 ~하지 않다(ouden mallon)'는 소리는 동의(긍정)(synkatathesis)나 거부(부정)(arnēsis)의 성격을 나타낼 수 있지만, 우리는 그것을 그렇게 사용하지 않고, 무차별하게 그리고 남용적으로 채택한다."

것은 다음과 같은 점이다. 회의론자는 이 표현을 진술할 때, 현상을 말하며, 아무런 독단 없이 겪은 바를 고지한다apangellei to pathos adoxastōs."[15] 보통 이 형태로 기록되지는 않지만, 이 마지막 표현('겪은 바를 고지하다pathos apangellein') 역시 회의론자의 어휘에 포함되는 전문 용어이다. 실제로 『퓌론주의 개요』의 다른 대목에서 [앞엣것과] 같은 의미로 쓰인 표현이 다시 발견된다. "우리가 '모든 것은 인식 불가능하다'고 말할 때, 우리는 독단론자들이 탐구하는 것이 그 본성상 인식 불가능하다고 말하려는 게 아니다. 우리는 단지 겪은 바를 고지하는to heautou pathos apangellontos 것이다."[16]

---

15   Sextus Empiricus, *Pyrrhoniae Hypotyposes*, I, §15. 섹스투스 엠피리쿠스, 『피론주의 개요』, 오유석 옮김, 30쪽.
"하지만 가장 중요한 것은 다음과 같은 점이다. 회의론자는 회의주의적 표현들을 진술함에 있어서, 자신에게 보이는 것을 기술하고, 독단적 믿음을 가지지 않고서 자신이 느끼는 바를 보고하며, 외부 대상에 관해서는 결코 확언하지 않는다."
　　헬라스어에서 pathos는 일반적으로 인간 존재가 '영향을 받는' 방식, 곧 지각이나 '감정'을 의미하며, 부정적 맥락에서는 영혼의 과도한 감정상태로서 '정념'을 뜻하기도 한다. 아리스토텔레스 전통에서는 '속성', '특성', '상태'와 같은 의미로도 사용된다. 하지만 회의론자들은 pathos 혹은 pathē를 독단에 빠지지 않고 신뢰할 수 있는 유일한 현실로 간주했다. 예컨대 회의론자들은 '꿀은 달콤하다'라고 확언하는 대신 '나는 지금 이 꿀을 달콤한 어떤 것으로 겪고 있다'고 표현해야 한다고 보았다. 요컨대 회의론자들에게 pathos란 바로 '겪은 바'를 의미한다.
16   Sextus Empiricus, *Pyrrhoniae Hypotyposes*, I, §200. 섹스투스 엠피리쿠스,

II. 정식, 혹은 잠재성에 관하여

앙겔로angellō(통지하다)와 아팡겔로apangellō(고지하다)는 앙겔로스angelos 즉 사자使者[17]의 기능을 표현하는 동사이다. 사자는 아무것도 더하지 않고 메시지를 그저 실어 나르거나 사건을 수행적으로 선언할 뿐이다(폴레몬 아팡겔레인polemon apangellein은 '전쟁을 선포하다'는 뜻이다). 회의론자는 단순히 실어失語, aphasia에 발언phasis를, 침묵에 언술을 맞세우는 데 그치지 않는다. 오히려 회의론자는 언어활동을 어떤 것에 대해 어떤 것을 말한다legein ti kata tinos라는 명제의 언어사용역에서 무에 대해 무를 말한다라는 고지의 언어사용역으로 옮긴다. 언어활동은 '더 ~하지 않다'의 판단중지epochē 속에서 버티면서 현상의 천사가 되며 현상에서 겪은 바의 순수한 고지가 된다. 부사 독단 없이adoxastōs가 분명하게 보여주듯, 여기서 겪은 바는 주관적인 어떤 것도 가리키지 않는다. 겪은 바는 모든 독단doxa에서, 모든 주관적 외양에서 정화되고, 나타남(현상)의 순수한 고지이며, 그 어떤

---

『피론주의 개요』, 오유석 옮김, 110-111쪽.
"'모든 것이 인식 불가능하다'라고 말할 때에도 우리의 입장은 독단주의자들에 의해서 탐구되는 대상이 본성상 인식 불가능하다는 것이 아니다. 오히려 우리는 단지 우리 자신의 내적 느낌을 보고하고자 한다."
17 신의 사자인 '천사'도 가리킨다.

술어도 없는 존재의 통고이다.

 이러한 관점에서 바틀비의 정식이 지닌 의미심장함이 고스란히 드러난다. 이 정식은 그것을 입에 담는 사람들이라면 그 누구든 앙겔로스angelos의, 즉 사자使者의 대열에 집어넣는다. 이런 사자들 중 한 명이 카프카의 [『성 Das Schloss』에 나오는] 바르나바스이다.[18] 그는 이렇게 묘사된다. 그는 "어쩌면 한 명의 사자일 뿐이었으며, 그에게 맡겨진 편지의 내용을 전혀 몰랐다. 본인은 깨닫지 못했지만, 그의 시선, 미소, 걸음걸이는 사자와 닮았다."[19] 사자로서의 바틀비는 "필멸의 인간이 헤아릴 수 없는 전지全知한 신의 섭리에 따라 어떤 신비로운 용건 때문에 보내졌다"[20]라고 한다. 그러나 그가 반복하는 이 정식이 수용과 거부 사이, 긍정과 부정 사이에서 그토록 완강하게

---

18  바르나바스(Barnabas)는 성과 마을을 이어주는 매개자로서, 특히 성의 고관인 클람(Klamm)의 편지를 전달하는 사자이다.

19  아감벤은 『세속화 예찬』에서 '조수'에 대해 말하면서 비슷한 구절을 썼다. 조르조 아감벤, 『세속화 예찬』, 김상운 옮김, 도서출판 난장, 2010, 44쪽 참조. "그들은 전달해야만 하는 편지의 내용은 모르는, 그러나 그 미소, 그 시선, 그 자세 자체가 '마치 하나의 메시지처럼 보이는' 천사, 사자를 닮았다."

20  Herman Melville, "Bartleby the Scrivener," p.89. 허먼 멜빌, 『필경사 바틀비』, 공진호 옮김, 71쪽.
"바틀비는 전적으로 지혜로운 신의 어떤 신비로운 뜻에 따라 나와 함께 살도록 숙사를 배정받았다는 확신에 점차 빠져들었다."

II. 정식, 혹은 잠재성에 관하여

평형상태를 유지한다면, 이 정식이 아무것도 단언하지 않고, 결국에는 심지어 정식 그 자체도 버린다면, 그가 우리에게 전하러 온 메시지는 과연 무엇이란 말인가? 그의 정식이 고지하는 것은 무엇인가?

3. "회의론자들은 잠재성-가능성(dynamis)을 감각 가능한 것들과 지성으로 파악 가능한 것들 사이의, 모종의 대립으로 이해한다. 말과 사물의 대립에서 발견되는 힘의 동등함 덕분에, 우리는 판단중지epochē에 이른다. 판단중지란 우리가 긍정할 수도 부정할 수도, 수용할 수도 거부할 수도 없는 상태이다."[21] 섹스투스의 이 독특한 텍스트에 따르면, 회의론자들은 판단중지를 단순히 무차별로서가 아니라 가능성의 또는 잠재성의 경험으로서 보았다. 존재와 비존재, 감각 가능한 것과 지성으로 파악 가능한

---

21  Sextus Empiricus, *Pyrrhoniae Hypotyposes*, I, §8. 섹스투스 엠피리쿠스, 『피론주의 개요』, 오유석 옮김, 24쪽.
"회의주의란 어떤 방식으로든 보이는 것들(phainomena)과 사유되는 것들(noouomena)을 서로 대립시키는 능력(dynamis)이며, 서로 대립되는 사태들이나 진술들이 힘에 있어서 동등함을 이루므로, 우리는 이러한 능력으로 인해서 우선 판단중지(epochē)에 이르게 되며, 그 후에 마음의 평안(ataraxia)에 이르게 된다. 우리는 여기서 능력이라는 말을 현묘한 의미로 사용하는 것이 아니라 단순히 ~을 할 수 있음이라는 뜻으로 사용한다."

것 사이의, 말과 사물 사이의 문턱에서 등장하는 것은 무의 무채색의 심연이 아니라 가능적인 것의 한 가닥 빛줄기이다. 할 수 있음potere은 긍정도 부정도 아니다. 그러나 존재하지 않는 것보다 더 존재하지는 않는 것이 어떻게 잠재성 같은 뭔가를 여전히 그 안에 보존할 수 있을까?

라이프니츠Gottfried Wilhelm Leibniz는 한때 '충족이유율principe de raison suffisante'이라고 보통 정의되는 원리의 형태로 존재의 근원적 잠재성을 표현한 바 있다. 이 원리는 "어떤 것이 존재하지 않기보다 오히려 더 존재하는 이유가 있다ratio est cur aliquid sit potius quam non sit"는 뜻이다. 존재의 극으로도 무의 극으로도 환원될 수 없는 한에서, 바틀비의 정식은 (그것의 회의론적 원형처럼) 포티우스potius, 즉 분할을 명확히 하는 '오히려'를 지렛대 삼아 "모든 원리 중에 가장 강력한" 원리(어떤 것이 존재하지 않기보다 오히려 더 존재하는 이유가 있다)를 의문에 부친다. 이 정식은 충족이유율을 그것의 맥락에서 강제로 떼어냄으로써 잠재성을(포티우스potius는 '더 강력한'을 뜻하는 포티스potis(~할 수 있는, ~할 능력이 있는)에서 유래했다), 라티오ratio(이유)와의 연결에서도, 또한 존재에의 종속에서도 해방한다. 크리스티안 볼프Christian Wolff

는 자신의 스승 라이프니츠가 증명하지 않고 내버려둔 이 충족이유율을 주해하면서, 우리의 이성은 뭔가가 이유 없이 일어날 수 있음을 받아들이기 싫어한다고 설명했다. 사실상 충족이유율이 제거되면, "진정한 세계가 우화적인 세계로 변하며, 거기서는 인간의 의지가 일어나는 것들의 이유를 대신한다mundus verus abit in mundum fabulosum, in quo voluntas hominis stat pro ratione eorum, quae fiunt."[22] 여기서 문제가 되는 우화적인 세계mundus fabulosus는

---

22  Christian Wolff, *Philosophia Prima sive Ontologia*, I, I, 2, §77. Christian Wolff, *Erste Philosophie oder Ontologie*, ed. by Dirk Effertz, Hamburg: Felix Meiner Verlag, 2005, p. 184.
"충족이유율이 제거되면 진정한 세계가 우화적인 세계로 변하며, 거기에서는 인간의 의지가 일어나는 것들의 이유를 대신한다. 실제로 우리가 살고 있는 현존하는 세계에서는 충족이유율에 반하는 어떤 것도 일어나지 않지만(§72), 충족이유율을 제거하고 모든 것이 충분한 이유 없이 존재한다는 반대되는 것을 그 자리에 대신 놓으면(§297 Log.) 진정한 세계는 더는 동일하게 유지되지 않는다(§28). 실제로 인간의 의지가 일어나는 것들의 이유를 대신하는 우화적인 세계는, 그러한 수정이 일어날 수 있음을 이해할 수 있는 그 어떤 것도 실제로 놓이지 않더라도 인간의 의지가 놓이면 그가 원하는 것 또는 그가 소망하는 것이 즉시 놓이고, 행위를 결정하기에 충분한 원인이 놓이지 않아 결과적으로 모든 것이 충분한 이유 없이 일어난다는 점에서 현존하는 세계와 다르다. 그러므로 충족이유율이 제거되면 진정한 세계는 인간의 의지가 일어나는 것들의 이유를 대신하는 우화적인 세계로 변한다."

노파들이 들려주는 터무니없는 우화로 여겨지며, 우리 모국어로는 낙원Schlaraffenland이라고 불리는 〔조잡한 허구이다〕 …… 당신이 체리를 원하고, 명령을 내리면 잘 익은 열매가 달린 벚나무가 여기에 나타난다. 당신의 명령에 따라, 열매가 입으로 날아오고, 〔당신이〕 원하면 〔열매가〕 도중에 공중에서 반으로 갈라져서 씨앗과 상한 부분이 밑으로 떨어지기에 〔당신은 그것들을〕 뱉을 필요도 없다. 꼬치로 꿰인 비둘기가 주위를 날아다니며 굶주린 자의 입에 제 발로 들어간다."[23]

하지만 철학자의 마음에 진정 거슬리는 것은, 의지와 변덕이 사물의 영역에서 이유를 대신한다는 게 아니라, 그렇게 해서 이유ratio가 의지와 잠재성의 영역에서도 제거된다는 사실이다. "이제 인간에게는 외적인 그 어떤 가능성의 원리도 그 어떤 현실성의 원리도 없을뿐더러 심지어 의지 또한 그 바람의 원리를 전혀 갖지 않으며, 뭐가 됐든 바라는 것에 대해 완전히 무차별하다. 그러므로 의

---

[23] 위의 책, pp. 184–186.

II. 정식, 혹은 잠재성에 관하여

지는 단지 원하기 때문에 바랄 뿐이다(ideo nimirum vult, quia libet). 그러나 왜 하필 의지가 저것보다 오히려 더 이것을 바라는지에 대한 이유는 전혀 없다."[24] 따라서 일단 충족이유율이 제거되면, 인간의 자의가 이유ratio를 대신해 진정한 세계를 우화(적인 세계)로 탈바꿈시킨다는 말은 참이 아니다. 그 정반대가 참이다. 즉 이유ratio가 제거되면 의지 또한 이성과 함께 와해되는 것이다.

바틀비가 제 집으로 삼는 금욕적인 낙원Schlaraffenland에서는 모든 이유ratio에서 완전히 해방된 오히려 더 piuttosto만 있다. 그것은 선호와 잠재성 같은 것으로서, 더는 무에 대한 존재의 우위를 보증하는 데 쓰이지 않고, 존재와 무의 무차별 속에서 이유 없이 존재한다. 하지만 존재와 무의 무차별은 서로 대립하는 두 원리 사이의 동등함이 아니라 모든 이유가 제거된 잠재성의 존재 양태이다. 라이프니츠는 가능적인 것에 스스로를 존재하게 하는 여하한 자율적 능력puissance pour se faire exister이 있음을 부정했다.[25] 그는 그 능력을 가능적인 것의 바

---

24 같은 책, p. 186.
25 Gottfried Wilhelm Leibniz, *Textes inédits d'après les manuscrits de La Bibliothèque provinciale de Hanovre*, vol. I, ed. by Gaston Grua, Paris: Presses Universitaires de France, 1948, p. 286.

깥에서 찾으려 했다. 즉 필연적 존재, 그러니까 '존재하게 하는' 존재로서의 신에서 찾으려 했다(그러므로 존재가 비존재보다 우월한 데에는 이유가 있다. 즉 필연적 존재자란 존재하게 하는 존재자인 것이다Est ergo causa cur existentia praevaleat non-existentiae, seu ens necessarium est existentificans).[26] 완전히 전복된 라이프니츠의 충족이유율은 이제 전적으로 바틀비적 형태를 띤다. "어떤 것이 존재하지 않는 것보다 존재해야 할 이유가 없다는 사실은 무보다 오히려 나을 게 없는 어떤 것의 존재이다." 모든 문제를 존재냐 비존재냐의 선택지로 환원하는 덴마크 왕자의 말장난boutade[27]에 대해, 필경사의 정식은 이 둘을 한꺼번에 초월하는 제3항을 맞세운다. 그것은 바로 '오히

---

"하지만 가능한 사물들은 존재(existence)가 없으므로 저 스스로 존재하게 하는 능력(puissance pour se faire exister)이 없고, 그러므로 우리는 그 사물들의 존재의 선택과 원인을 이미 고정되어 있고, 따라서 그 자체로 필연적인(nécessaire) 존재에서 찾아야 한다."

26  라이프니츠의 「24개의 형이상학적 테제(24 thèses métaphysiques)」(1697)의 네 번째 테제이다. *Recherches générales sur l'analyse des notions et des vérités. 24 thèses métaphysiques: et autres textes logiques et métaphysiques*, Paris: Presses Universitaires de France, 1998 참조.

27  여기서 말하는 덴마크 왕자는 윌리엄 셰익스피어(William Shakespeare)의 비극 『햄릿(Hamlet)』의 주인공 햄릿을 가리킨다. 따라서 덴마크 왕자의 말장난 또는 농담이란 그 유명한 독백 "To be, or not to be, that is the question(사느냐 죽느냐, 존재하느냐 마느냐, 이대로냐 아니냐, 그것이 문제로다)"를 가리킨다.

II. 정식, 혹은 잠재성에 관하여

려'(또는 '더 ~하지 않다')이다. 그것이 바틀비가 견지한 유일한 교훈이다. 그리고 바틀비의 시련은, 법률가가 어느 순간 직감했듯, 피조물이 감당할 수 있는 가장 극단적인 시련이다. 무나 비존재를 견지하기는 분명 어렵기 때문이다. 그러나 이 불청객과도 같은 허무주의의 고유한 경험에 우리는 오늘날 너무도 익숙해져 있다. 그리고 존재와 존재의 필연적 실정성만을 견지하기도 어렵다. 그러나 그것이 바로 자신이 제거하고 싶은 손님과 도덕적으로 은밀히 연대하는 서구 존재-신-학의 복잡한 의례가 갖는 의미 아닐까? 순수한 잠재성 속에서, 존재와 무를 넘어 '더 ~하지 않다'를 견디기, 존재와 무 모두를 초월하는 비잠재적 가능성 속에 끝까지 머물기—이것이 바틀비가 겪는 시련이다. 그의 사무실 책상을 고립시키는 초록색 칸막이는 어떤 실험실의 경계선을 긋고 있다.[28] 그것은 니체Friedrich Nietzsche보다 30년 앞서, 그리고 니체와는 전혀 다른 의미로, 잠재성이 충족이유율에서 떨어져 나가

---

28  Herman Melville, "Bartleby the Scrivener," p. 67. 허먼 멜빌, 『필경사 바틀비』, 공진호 옮김, 27쪽.
"나는 조금 더 만족스러운 배치를 위해 높은 초록색 칸막이를 구했다. 그러면 바틀비가 내 시야에서 완전히 벗어나 있으면서도 내가 부르는 소리를 들을 수 있으리라는 생각이었다. 그렇게 해서 어느 정도 프라이버시와 사회성이 함께 어우러졌다."

존재로부터도 비존재로부터도 해방되고, 그리하여 잠재성의 고유한 존재론을 창조하는 실험을 준비하는 실험실인 것이다.

## III. 실험, 혹은 탈창조에 관하여

1. 로베르트 발저Robert Walser에 관해, 발터 뤼시Walter Lüssi는 '진리 없는 실험esperimento senza verità'이라는 개념을 창안했다. 즉 진리와의 모든 관계가 사라지는 것이 특징인 실험을 말이다. 발저의 시는 '순수시(reine Dichtung)'[1]인데, "어떤 것의 존재를 그 어떤 것으로 인식하는 것을 넓은 의미에서 거부하기" 때문이다. 이 개념은 문학적 실험의 패러다임으로 확장되어야 한다. 우리는 과학뿐 아니라 시와 사유에서도 실험을 준비하기 때문이다. 이 실험들은 과학 실험들처럼 한 가설의 진위에만, 어떤 것의 발생과 비발생에만 관련되는 게 아니라 존재가 참이냐 거짓이냐에 앞서 그리고 참이냐 거짓이냐를 넘어 존재 그 자체를 문제 삼는다. 이 실험들에는 진리가 없다. 실험들 안에 있는 진리가 문제 되기 때문이다.

아비첸나는 '날아다니는 인간'의 실험을 제안하면서, 인간의 몸을 상상 속에서 조각조각 분해해 해체하

---

[1] Walter Lüssi, *Robert Walser. Experiment ohne Wahrheit*, Berlin: E. Schmidt, 1977, p. 9.

고는, 그 몸이 산산이 부서져 공중에 매달린 채로 여전히 "나는 존재한다"라고 말할 수 있음을 증명하고, 또한 순수한 존재자란 더는 사지도 기관도 없는 신체의 경험임을 증명했다.[2] 카발칸티Guido Cavalcanti는 생명체가 기계적 자동인형으로 변형되는 것이야말로 시적 경험이라고 묘사한다("나는 삶의 밖에 있는 자처럼 가리라 / 바

---

[2] Avicenna, *Liber de anima seu sextus de naturalibus*, ed. by S. Van Riet, Leiden and Louvain: Peeters and Brill, 1972, I, 1, 36.49-68. 이 구절에 대한 국역으로는 이재경, 「아비첸나의 '진공속의 인간'」, 『철학논총』 제47집 제1권, 2007, 303쪽 참조.
"따라서 우리 가운데 누군가 홀연히 그리고 완전한 '성인으로' 창조되지만 [그는] 눈이 덮인 채로 있으므로 외적인 것들을 보지 못한다고 말해보자. 또한 그는 공중이나 진공 속에 움직이는 것처럼 창조되고, 대기의 밀도는 그에게 닿지 않으므로 [그는] 그것을 감각할 수 없다고 말해보자. 그리고 그의 사지(四肢)는 서로 부딪치거나 닿지 않도록 떨어져 있다고 말해보자. 이제 그가 자신의 본질에 대한 존재를 확인하는지 깨닫게 하자. 왜냐하면 그는 자신이 존재한다는 점을 확인하는 데 대해 아무런 의심을 가지지 않을 것이기 때문이다. 그럼에도 그는 사지 외부의 대상, 그 자신 내면의 숨겨진 것들, 그의 영혼이나 뇌, 그리고 [그] 자신 외부의 다른 무엇도 확인하지 않을 것이다. 그러나 그는 자신의 길이, 넓이, 깊이를 확인하지 않지만 자신이 존재한다는 점을 확인할 것이다. 그러나 그때 그가 손이나 또 다른 사지를 상상하는 것이 가능할 경우에도 [그는] 그것을 자신의 일부나 자신의 본질에 필요한 것으로 상상하지 않을 것이다.
너는 확인된 것이 확인되지 않은 것과 다르며, 인정된 것이 인정되지 않은 것과 다르다는 점을 알고 있다. 그리고 그가 바로 자신의 본질이고 확인하지 않는 그의 몸과 사지가 아닌 어떤 것인 한에서 그가 존재한다고 확인하는 본질은 그에게 고유한 것이기 때문에 자각하기만 한다면 그는 자신의 영혼의 존재가 신체의 존재와 다르다는 점을 알도록 하는 각성의 방법을 가지게 된다. 실상, 그는 영혼을 인식하고 파악하기 위해 신체가 필요하지 않다. 그러나 그가 멍청이라면 그 방법을 따라야 할 것이다."

라보는 이에게는 / 구리나 돌이나 나무로 빚어진 듯 / 오직 기교로 움직이는 / 사람으로 보이리라").[3] 콩디야크 Étienne Bonnot de Condillac가 대리석 조각상에 후각을 부여하자, 그 조각상은 "장미 향기와 다름없어진다."[4] 단테 Dante Alighieri는 시인의 '자아'를 3인칭으로("나는 **하나일** 뿐이오 I' mi son *un*"), 사랑이 속삭이는 바를 필사하는 필경사로서만 기능하는 유적 동음이의어 omonimo generico 로 탈주관화한다.[5] 랭보 Arthur Rimbaud는 "나는 타자이다 Je est un autre"라고 말한다.[6] 클라이스트 Heinrich von Kleist

---

3  13세기 이탈리아 시인 귀도 카발칸티의 소네트 「그대는 내 마음을 슬픔으로 가득 채워(Tu m'hai sì piena di dolor la mente)」의 일부이다.

4  에티엔 보노 드 콩디야크, 『감각론(Traité des sensations)』(1754), ch. I, §2에 나오는 구절이다.
"만일 우리가 그녀(조각상)에게 장미를 준다면, 그녀는 우리에게 장미 향기를 맡는 조각상이 될 것이다. 하지만 그녀는 그녀에게 장미 향기 그 자체와 다름없을 것이다."

5  Dante Alighieri, *Divina Commedia*, Purgatorio, XXIV. 52–54. "E io a lui: 'I' mi son un che, quando / Amor mi spira, noto, e a quel modo / ch'e' ditta dentro vo significando'" 단테 알리기에리, 『신곡』, 김운찬 옮김, 열린책들, 2007, 349쪽.
"나는 그에게 '나는 사랑이 영감을 줄 때 기록하고, 사랑이 내 마음에 속삭이는 것을 그대로 표현하는 사람일 뿐이오.'"
이 구절에서 단테는 저 자신을 사랑이 영감을 주고 마음속에 속삭이는 메시지를 그대로 받아적는 '펜'(58행의 le vostre penne) 혹은 '필경사'로 묘사한다. 이때 그는 저 자신의 자아를 1인칭에서 'uno'(하나)라는 3인칭적 존재로 객관화함으로써 시적 자아를 해체한다.

6  아르튀르 랭보가 폴 드므니(Paul Demeny)에게 보낸 일명 「투시자의 편

는 마리오네트marionette(꼭두각시 인형)의 완전한 신체를 절대의 패러다임으로서 환기한다.[7] 하이데거Martin Heidegger는 물리적 심신을 갖춘 '자아'를 공허하고 비본질적인 존재로, 일개의 존재 양태일 뿐이고 불가능 속에서만 가능성을 갖는 존재로 대체한다. 어느 경우든 우리는 우리에게 조사를 요청하는 '진리 없는 실험'을 진지하게 다뤄야 한다. 사실상 저 스스로 이 실험의 모험을 감행하는 자는 그 누구든 저 자신의 진술의 진리를 위태롭게 한다기보다는 그의 실존 양태 그 자체를 위태롭게 하는 것이며, 그는 저 자신의 주관적 역사의 영역에서 인류학적 변이를 겪는다. 이는 과거 영장류가 직립하면서 손이 해방되거나, 파충류가 앞다리의 변형 때문에 조류로

---

지(Lettre du Voyant)」(1871년 5월 15일)에 나오는 대목이다. Arthur Rimbaud, *Œuvres*, éd. de Suzanne Bernard et André Guyaux, Paris: Garnier Frères, 1987, p. 347. 번역은 곽민석, 「랭보(Rimbaud)의 "나는 타자다(Je est un Autre)" — 주체와 객체의 일원성을 중심으로」, 『인문언어』 11-1, 2009, 135쪽 참조.
"그러나 '나'는 타자입니다. 구리가 돌연 나팔로 각성했더라도 구리에는 어떤 잘못도 없습니다. 그것이 저에게는 명약관화한 일입니다. 저는 지금 저 자신의 사상의 개화에 입회하고 있습니다. 그것을 응시하고 그것에 귀를 기울이고 있습니다. 악궁을 한 번 켜면 교향곡이 심연 속에서 술렁거리거나 혹은 일약 무대 위에 뛰어 나옵니다."

7   하인리히 폰 클라이스트의 「인형극에 관하여(Über das Marionettentheater)」(1810) 참조. Heinrich von Kleist, *Werke und Briefe in vier Bäden*, Bd. 3, Berlin/Weimar: Aufbau, 1978, pp. 473-481.

변이된 것에 비견될 정도로 그에게 결정적이다.

멜빌이 바틀비에게 위탁하는 것이 바로 이런 종류의 실험이다. 과학 실험에서 쟁점은 다음과 같은 질문으로 정의될 수 있다. "어떤 조건하에서 어떤 것이 발생할 수 있을지 아니면 발생하지 않을지, 〔그에 대한 진술이〕 참이 될까 거짓이 될까?" 반면 멜빌이 들려주는 이야기에서 문제는 오히려 다음 유형의 질문에 해당한다. "어떤 조건하에서 뭔가가 발생할 수 있고 **그리고**(즉, 동시에) 발생하지 않을 수 있는가, 뭔가가 참이 아니기보다 더 참이 아닐 수가 있는가?" 진리와의 관계, 혹은 사물 상태의 존속이나 비존속과의 관계를 모조리 끊어버린 실험에서만, 바틀비의 "하지 않는 편이 더 좋겠는데요"는 그것의 완전한 의미(혹은 그것의 무의미)를 획득한다. 이 정식은 비트겐슈타인의 명제를 상기시키지 않을 수 없다. 비트겐슈타인은 윤리학에 관한 강의에서 자신의 전형적인 윤리적 경험을 이렇게 표현한다. "나는 하늘이 어떠한 모습을 가지고 있건 간에 하늘 그 자체에 경이를 느끼고 있는 것이다."[8]

---

8   Ludwig Wittgenstein, "A Lecture on Ethics," in *Philosophy Today* vol. 1, ed. by Jerry Gill, New York: Macmillan, 1968. 번역은 이승종, 「반시대적 고찰: 비트겐슈타인과 하이데거의 수리논리학 비판」, 『역사와 현상학』 제21집, 1999, 402쪽 참조.

그리고 "나는 무슨 일이 생겨도 안전하다."[9] 항상 참("하늘은 푸르거나 푸르지 않거나이다")이기 때문에 진리의 조건들로 판단할 수 없는 명제의 실험인 동어반복의 실험은, 바틀비에게서, 그 어떤 것이 참이면서 동시에 참이 아닐 **수 있음**poter의 실험에 해당한다. 이 필경사의 정식의 진위를 검증하겠다고 나서는 사람이 아무도 없는 까닭은, 진리 없는 실험이 그 어떤 것의 현실적 또는 비현실적 존재가 아니라 오로지 그것의 잠재적 존재에 관한 것이기 때문이다. 그리고 잠재성은 존재하거나 존재하지 않을 수 있기에 정의상 진리의 조건에서 벗어나며, 무엇보다 우선 '모든 원리 중에서 가장 강력한 원리'인 모순율의 작용에서 벗어난다.

존재할 수 있으면서 동시에 존재하지 않을 수 있는

---

"물론 나는 나를 둘러싸고 있는 세계가 그러그러하다는 사실에 경이를 느낄 수 있다. 예를 들면 푸른 하늘을 들여다본 경험을 가지고 있을 때 나는 하늘이 구름에 가리운 경우에 대해 하늘이 푸르다는 사실에 경이를 가질 수 있다. 그러나 이것은 내가 말하고자 하는 본의가 아니다. 나는 하늘이 **어떠한 모습을 가지고 있건간에**(whatever it is) 하늘 그 자체에 경이를 느끼고 있는 것이다. 어떤 사람은 내가 느끼는 경이의 대상은 하나의 동어반복(tautology), 즉 '하늘은 푸르거나 푸르지 않거나다'라고 할는지 모르겠다. 그러나 동어반복에 경이를 갖는다는 말도 하나의 넌센스다."

9 Ludwig Wittgenstein, "A Lecture on Ethics," pp. 9-10.
"I am safe, nothing can injure me whatever happens."

존재를 제일 철학에서는 우연적이라고 부른다. 바틀비가 우리를 위험에 빠트리는 실험은 **절대적 우연성에 대한**de contingentia absoluta 실험이다.

$$\left.\begin{array}{l}\text{possible}\\\text{impossible}\\\text{necessarium}\\\text{contingens}\end{array}\right\} \text{est quicquid} \left\{\begin{array}{l}\text{potest}\\\text{non potest}\\\text{non potest non}\\\text{potest non}\end{array}\right\} \begin{array}{l}\text{fieri (seu}\\\text{verum esse)}\end{array}$$

$$\left.\begin{array}{l}\text{가능한 것은}\\\text{불가능한 것은}\\\text{필연적인 것은}\\\text{우연적인 것은}\end{array}\right\} \begin{array}{l}\text{무엇이든 일어나다}\\\text{(또는 참이다)}\end{array} \left\{\begin{array}{l}\text{할 수 있는}\\\text{할 수 없는}\\\text{하지 않을 수 없는}\\\text{하지 않을 수 있는}\end{array}\right\} \text{어떤 것이다}$$

2. 『자연법의 요소들』에서 라이프니츠는 양상의 형상들을 다음의 도식으로 요약한다.[10]

---

10  G. W. Leibniz, *Elementa juris natualis*(1671)에 나오는 구절이다. 이 텍스트는 G. W. Leibniz, *Philosophische Schriften Band 1: 1663–1672*, Berlin: Akademie Verlag GmbH, 2006, pp. 431–485에 수록되어 있으며, 해당 구절은 p. 466에 나온다.

"Possibile est quicquid potest fieri seu quod verum est quodam casu. Impossibile est quicquid non potest fieri seu quod verum est nullo, seu non quodam casu. Necessarium est quicquid non potest non fieri seu quod verum est omni, non quodam non casu. Contingens est quicquid potest non fieri seu quod verum est

네 번째 형상인 우연적인 것은, 존재할 수도 있고 존재하지 않을 수도 있으며, 필연적인 것과 대립한다는 점에서 인간 자유의 공간과 일치하지만, 다수의 난점을 불러일으켰다. 실제로 존재가 있지〔존재하지〕 않을 수 있는 잠재성을 항시 그리고 한없이 보존한다면, 한편으로 과거 그 자체는 어떻게든 철회될 수 있게 되고, 다른 한편으로 그 어떤 가능성도 현실성으로 이행하거나 현실성에 머물 수 없을 것이다. 그래서 이 우연성의 아포리아들은 전통적으로 두 원리에 의해 완화되었다. 하나는 과거의 철회 불가능성의 원리(또는 과거에서 잠재성의 실현 불가능성의 원리)라고 정의될 수 있는 것으로, 아리스토텔레스는 비극시인 아가톤Agathon의 입을 빌려 이 원리를 제시한다. "과거와 관련해서는 의지가 없다. 이 때문에 그 누구도 트로이아가 함락된 사실을 원하지 않는 것이다. 왜냐하면 아무도 〔이미〕 있었던 것에 대해서는 결정하지 않고, 〔그 누구도 앞으로〕 있을 것 그리고 가능한

---

quodam non casu.(가능한 것이란 어떤 경우에는 일어날 수 있는 모든 것, 즉 어떤 경우에는 참인 것이다. 불가능한 것이란 일어날 수 없는 모든 것, 즉 어떤 경우에도 참이 아닌 것, 다시 말해 어떤 특정한 경우에도 참이 아닌 것이다. 필연적인 것이란 일어나지 않을 수 없는 모든 것, 즉 모든 경우에 참인 것, 특정하지 않은 모든 경우에 참인 것이다. 우연적인 것이란 일어나지 않을 수 있는 모든 것, 즉 어떤 특정하지 않은 경우에 참인 것이다.)"

것에 대해서만 결정하며, (이미) 있었던 것은 있지 않았을 수 없기 때문이다. 이런 까닭에 다음과 같이 말한 아가톤은 옳게 이야기한 것이다. '일어난 것을 일어나지 않은 것으로 만드는 것, 이것만은 신도 할 수 없으니'(Eth. Nic., 1139b6-10)."[11] 이 원리를 라틴인들은 "일어난 것은 일어나지 않은 것으로 만들 수 없다factum infectum fieri nequit"라고 정식화하게 되는데, 이를 아리스토텔레스는 『천체론』에서, 과거의 잠재성을 실현하는 것의 불가능성이라는 용어로 재진술한다. "이미 있었던 것에는 그 어떤 잠재성도 없다. 있는 것과 있게 될 것에만 잠재성이 있다."[12]

첫 번째 원리와 밀접하게 얽힌 두 번째 원리는 조건부 필연성의 원리이다. 이 원리는 현실적 존재에 비해

---

11  Aristotelēs, *Ethica Nichomacea*, VI, 1139b6-10. 아리스토텔레스, 『니코마코스 윤리학』, 이창우 외 옮김, 도서출판 길, 2011, 206-207쪽.
"그런데 이미 일어나버린 일은 그 어떤 것도 합리적 선택의 대상이 아니다. 가령 그 누구도 일리온 도시가 함락된 사실을 합리적으로 선택하지는 않는다. 이미 지나버린 과거에 대해서 숙고하는 것이 아니라 미래의 일에 대해서, 가능한 일에 대해서 숙고하는 것이며, 이미 일어나버린 일은 일어나지 않을 수 없기 때문이다. 이런 까닭에 다음과 같이 말한 아가톤은 옳게 이야기한 것이다.
이미 일어났던 모든 일들을 일어나지 않은 것으로 만드는 것,
이것만은 신에게도 결여되어 있으니."

12  Aristotelēs, *De Caelo*, I, 12, 283b13-14.
"oudemia gar dynamis tou gegonenai estin, alla tou einai ē esesthai."

우연성이 갖는 힘을 제한한다. 아리스토텔레스는 『명제론』, 19a22에서 그것을 다음과 같이 표현한다. "있는 것은 그것이 있을 때 [그렇게] 있는 것이 필연적이고, 있지 않은 것은 그것이 있지 않을 때 [그렇게] 있지 않는 것이 필연적이다."[13] 볼프는 이를 다음과 같은 정식으로 정리했다. 무엇이든, 그것이 존재할 때, 존재하는 것이 필연적이다 quodlibet, dum est, necessario est.라는 정식으로 정리했다. 그는 이 원리를 철학에서 가장 엄격한 규준 canon tritissimus in philosophia으로 정의하고, 이 원리를 무모순율("A가 있으면서도 동시에 있지 않는 것은 불가능하다") 위에 정초하는데, 이는 틀린 것이 아니다. 하지만 적어도 잠재성[능력]과 관련해 이 두 번째 원리가 엄정한지는 결코 확실하지 않다. 아리스토텔레스 본인도 이 논리를 여러 차례 어기는 것 같아서이다. 그는 『형이상학』에서 "모든 능력[잠재성]은 동시에(hama) 그 반대에 대한 능력[잠재성]이기도 하다"라고 적고 나서, 주저 없이 이렇게 결론짓는다. "걷는 자는 걷지 않을 수 있는 능력[잠재성]을 갖고 있으며, 걷지 않는 자는 걸을 수 있는 능력

---

13 Aristotelēs, *De interpretatione*, 19a23-24. 아리스토텔레스, 「명제론」, 『아리스토텔레스 선집』, 김재홍 옮김, 도서출판 길, 2023, 59쪽.

[잠재성]을 갖고 있다."(1047a)[14]

사실은 이렇다. 나중에 둔스 스코투스Duns Scotus가 분명히 밝히듯, 현실적으로 대립된 두 개의 실재들(p임과 p가 아님) 사이에 모순이 있다고 해도, 어떤 것이 현실적 상태에 있으나 이와 동시에, 그것이 [현실적 상태에] 있지 않거나 [그것이 그 현실적 상태에서] 다른 식으로 있을 수 있는 능력[잠재성]을 유지하지 말란 법이 없다는 것이다. 스코투스는 이렇게 쓴다. "우연적이라는 말로 내가 뜻하는 바는, 어떤 것이 필연적이지도 않고 영원하지도 않다는 게 아니라, 그 어떤 것이 일어난 바로 그때 그 반대도 일어날 수 있었다는 것이다." 그러니까 똑같은 순간에, 나는 어떤 식으로 행동할 수 있고 또한 다른 어떤 식으로 행동할 수 있다(혹은 전혀 행동하지 않을 수 있다). 스코투스는 '의지'라는 이름을 [뭔가를] 결정하는 것에 부여하는 게 아니라 할 수 있음과 하지 않을 수 있음

---

14  Aristotelēs, *Metaphysica*, Θ, 1047a18-26. 아리스토텔레스, 『형이상학 2』, 조대호 옮김, 도서출판 나남, 2012, 20쪽.
"분명 능력과 현실적 활동은 [서로] 다르다. 그 결과 있을 수 있는 능력은 있지만 (현실적으로) 있지 않을 수 있고 있지 않을 수 있는 능력은 있지만 (현실적으로) 있을 수 있으며 다른 범주들의 경우도 이와 같아서, 걸을 수 있는 능력은 있지만 걷고 있지 않을 수 있고 걷지 않을 수 있는 능력은 있어도 걷고 있을 수 있다. 어떤 것이 능력이 있다고 함은, 그것이 능력을 가지고 있으며 그에 해당하는 현실적 활동이 그것에 속하는 데 아무런 불가능한 점이 없음을 뜻한다."

III. 실험, 혹은 탈창조에 관하여

간의, 원함과 원하지 않음 간의 구성적이고 환원 불가능한 공속 관계를 경험하는 것에 부여하고 있다. 인간 자유의 유일하게 가능한 의미를 그가 표현한 간단명료한 정식에 따르면, 원하는 자는 원하지 않을 수 있음을 경험한다experitur qui vult se posse non velle가 된다.[15] 의지는 (구성적 양가성ambivalenza을 가지고 있다는 점에서 프로이트Sigmund Freud가 말하는 무의식과 비슷하게) 바로 모순율을 면제받는 유일한 영역이다. "의지만이 상반되는 것에 대해 무차별적이다voluntas sola habet indifferentiam ad contraria."[16] 의지는 "동일한 대상에 대해 원할 수도 있고 원하지 않을 수도 있다. 비록 그것들이 상반되더라도." 스코투스는 이 테제에서 도출되는 귀결 앞에서 물러서기는커녕, 모든 의지가 가진 우연적 성격을 신의 의지 그 자체로, 그리고 신의 창조 활동으로까지 확장한다. "의지라는 동일한 활동에서 신은 상반되는 것들을 원한다. 신은 상반되는 것들이 동시에 존재하기를 원하는 게 아니라 (그것은 불가능하니까), 그것들을 동시에 원하는 것이다.

---

15  Duns Scotus, *Quaestiones super libros Metaphysicorum Aristotelis*, ed. R. Andrew(B. Ioannis Duns Scoti Opera philosophica vol. 3-4), New York: 1997, IX, q.15, n.30.

16  Duns Scotus, *Quaestiones quodlibetales*, q.18, n.24.

마찬가지로, 동일한 직관 내지 지식을 통해서, 신은 상반되는 것들이 동시에 존재하지는 않지만 〔그것들이〕 하나의 동일한 인식 활동 속에서 동시에 인식될 수 있음을 안다."

그리고 스코투스는 우연성을 의심하는 자들에게 아비첸나가 이미 제안한 바 있는 실험을 잔인한 아이러니를 사용해 제안했다. "우연성을 부정하는 자들은 자신들이 고문을 당하지 않을 수도 있었음을 인정할 때까지 고문을 받아봐야 한다."[17]


3. 우연성을 위협하는 또 다른 반론이 있는데, 그에 따르면 미래의 사건이 필연적으로 일어나거나 일어나지 않는다는 사실이 그 사건을 예견한 순간에 소급해 적용되어 우연성을 제거한다. 이것이 "미래의 우연적 명제future contingents"라는 문제로, 이에 대해 라이프니츠는 『변신론Essais de Théodicée』에서 또다시 글쓰기를 예로 들면서 간결하게 정리한다. "내가 오늘 글을 쓸 것이라는 것이

---

17　Duns Scotus, *Quaestiones in primum librum Sententiarum*, Dist. XXXIX. Quaetio Unic., Scholium. Duns Scotus, *Opera omnia*, vol. X, Paris: L. Vivès, 1891, p. 625.

백 년 전에 이미 참이었던 것처럼, 내가 글을 썼다는 것은 백 년 후에도 참일 것이다."[18] 누군가가 내일 해전이 일어나거나 일어나지 않을 것이라고 말했다고 해보자. 내일 해전이 일어난다면, 해전이 일어날 것이라고 어제 말한 것은 이미 참이었다. 이는 해전이 일어나지 않을 수 없었다는 뜻이다. 반대로, 해전이 일어나지 않는다면, 해전이 일어나지 않을 것이라고 말하는 것은 항상 이미 참이었다. 이는 해전이 일어나는 것은 불가능했다는 뜻이다. 두 경우 모두에서 우연성은 필연성과 불가능성으로 대체된다.

중세 신학에서 미래의 우연 명제 문제는 신의 예지 문제와 극적인 방식으로 결부되었다. 그것은 인간의 자

---

18　G. W. Leibniz, *Essais de Théodicée*, I, § 36. 고트프리트 빌헬름 라이프니츠, 『변신론』, 이근세 옮김, 아카넷, 2014, 178-179쪽.
"하지만 난제로 돌아가보자. 오늘날 철학자들은 우연적 미래의 진리가 결정되어 있다고, 그러니까 우연적 미래가 미래거나, 그럴 것이거나, 일어날 것이라는 데 동의한다. 그도 그럴 것이 과거가 있었던 것이 확실한 것처럼 미래가 있을 것이라는 것도 확실하기 때문이다. 내가 오늘 글을 쓸 것이라는 것이 백 년 전에 이미 참이었던 것처럼, 내가 글을 썼다는 것은 백 년 후에도 참일 것이다. 따라서 우연적인 것은, 미래에 있어서, 우연적이지 않은 게 아니다. 그리고 만약 알려졌던 확실성이라고 불렀을 결정은 우연성과 양립할 수 없는 게 아니다. 결정된 진리는 알려질 수 있는 상태에 있기 때문에, 사람들은 종종 확실한 것과 결정된 것을 같은 것으로 여긴다. 따라서 결정은 객관적 확실성이라고 말할 수 있게 되는 것이다."

유의지를 재차 의문에 부치거나, 신의 의지의 계시 가능성 그 자체를 파괴하거나 한다. 한편에는 미래가 필연적이기 때문에 그 결정에서 모든 의미를 제거해버리는 굳건한 필연성이 있다. 다른 한편에는 그리스도 자신과 천사도 얽히게 되는 절대적 우연성과 불확실성이 있다. 14세기 초 옥스퍼드 교수였던 리처드 피츠랠프Richard FitzRalph는 『성경의 물음quaestio biblica』에서 귀류법ad absurdum으로 주장한다. "겟세마네Gethesmene에서 피를 흘리는 그리스도는 자신의 죽음을 예견하지 못했다기보다는 자신의 삶의 지속을 예견하지 못한 것이며, 하늘의 천사들은 자신들의 영원한 지복을 예견하지 못했다기보다는 자신들의 영원한 비참을 예견하지 못한 것이다. 왜냐하면 그들은 신이 원한다면 자신들이 영원히 불행해질 수도 있음을 알고 있기 때문이다."[19]

미래의 우연성을 훼손하는, 현재에서 과거로 향하는 de præsenti ad præteritum 논변에 어떻게 맞설 수 있을까? 미래에 관한 진술에서 모든 확실성을 제거하지 않으면서도 말이다. 아리스토텔레스의 해결책은 우아하

---

19　Richard FitzRalph, *Quaestio biblica*. J.-F. Genset, "Contingence et révélation des futurs: La *Quaestio biblica* de Richard FitzRalph," in *Lectionum varietates: Hommage à Paul Vignaux (1904-1987)*, Paris: 1991, pp. 199-246.

다. 그는 『명제론』(19a28-32)에 이렇게 적었다. "〔동일한 논의가 모든 모순되는 것에도 적용된다.〕 모든 것이 있거나 있지 않은 것은 필연적이고, 또 〔모든 것이〕 장래에 있거나 있지 않을 것이라는 것도 필연적이다. 그러나 (서로 모순관계에 있는 항들을) 나누어서 둘 중 하나가 필연적이라고 말할 수는 없다. 내 말뜻은 이런 것이다. 예를 들어 내일 해전이 일어나거나 혹은 일어나지 않는다는 것은 필연적이다. 그러나 내일 해전이 일어나는 것은 필연적이 아니며, 일어나지 않는 것도 필연적이 아니다. 〔그렇지만 (내일 해전이) 일어나거나 일어나지 않는 것은 필연적이다.〕"[20]

그러므로 필연성은 별개로 이해되는 사건의 일어남 혹은 일어나지 않음과 관련되는 것이 아니라 '일어나거나 일어나지 않는다'는 선택지와 관련되는 것이다. 다시 말해 '내일 해전이 있을 것이거나 혹은 있지 않을 것이다'는 (비트겐슈타인적 의미에서의) 동어반복만이 항상 필연적으로 참이며, 이에 반해 선택지의 두 항 각각은 우연성으로, 즉 그것이 있을 수도, 있지 않을 수도 있는 가능성으로 되돌려진다.

---

20 아리스토텔레스, 「명제론」, 『아리스토텔레스 선집』, 김재홍 옮김, 60쪽.

그러나 이런 관점에서 보면, 조건부 필연성이라는 원리를 확고히 유지하는 일은 더욱 불가피하다. 바로 이 때문에 아리스토텔레스는 가능적-잠재적인 것(dynaton)을 다음과 같은 용어로 정의해야 하는 것이다. "가능적-잠재적인 것이라 함은 그것이 능력〔잠재성〕을 갖는다고 말해지는 현실태가 실현되었을 때, 있지 않을 수 있음〔비능력/비잠재성〕이 아무것도 없음을 말한다"(Met., 1047a24-26).[21] 이 정의의 마지막 세 단어(ouden estai adynaton)는 '불가능한 것은 아무것도 없을 것이다'(즉, 불가능하지 않은 것은 가능하다)를 의미하는 게 아니다. 이는 일반적으로 볼 수 있는 오해이며, 이렇게 읽어버리면 아리스토텔레스의 테제는 매우 평범한 것이 되고 만다. 오히려 〔그의〕『분석론 전서』(Anal. pr. 32a18-20)에 나오는 우연적인 것에 관한 비슷한 정의가 제시하듯이(거기서도 현재 통용되는 번역은 다음과 같이 수정되어야 한다. "어떤 것이 필연적이지 않은 채 있을 수 있고,

---

21 Aristotelēs, *Metaphysica*, Θ, 1047a24-26. "esti de dynation touto hoi ean hyparxē hē energeia hou legetai echein tēn dynamin, outhen estai adynaton." 아리스토텔레스, 『형이상학 2』, 조대호 옮김, 20쪽.
"어떤 것이 능력이 있다고 함은, 그것이 능력을 가지고 있으며 그에 해당하는 현실적 활동이 그것에 속하는 데 아무런 불가능한 점이 없음을 뜻한다."

그로 인해 있지 않을 수 있음이 아무것도 없게 될 때, 그때 나는 또한 우연적인 것이 일어날 수 있다고 말한다"[22]), 여기에서는 있을 수도 있지 않을 수도 있는 가능성이 실현될 수 있는 조건이 상술된다. 우연적인 것은 있지 않을 수 있음(그것의 비능력/비잠재성adynamia)을 내려놓는 순간에만 현실성으로 넘어갈 수 있다. 즉 우연적인 것 안에 "있지 않을 수 있음이 아무것도 없어서", 그것이 하지 않을 수 있음이 없을 때 말이다.

하지만 이 있지 않을 수 있음의 무화를 어떻게 이해해야 할까? 가능성이 일단 실현되어버리면, 있지 않을 수 있었던 것은 어떻게 되는 것일까?

4. 라이프니츠는 『변신론』에서 웅장하면서도 무시무시한 교훈담 하나를 들려주면서 있을 수도 있었지만 있지 않았던 것에 맞서 있었던 것이 갖는 권리를 정당화했다. 그는 로렌초 발라Lorenzo Valla가 대화록 『자유의지에 대하

---

22  Aristotelēs, *Analytica priora*, 32a 18-20. 아리스토텔레스, 『분석론 전서』, 김재홍 옮김, 서광사, 2024, 107쪽.
"다음으로, 우리는 가능한 것(가능양상)에 대해 추론이 언제, 어떻게, 또 무엇에 의해 성립될 것인가를 논하기로 하자. 내가 '있을 수 있다'라거나 '있을 수 있는 것'이라고 말하는 것은 필연은 아니지만, (뭔가에) 있다고 받아들여지더라도, 그것 때문에 아무런 불가능한 일이 일어나지 않을 것임을 의미한다."

여『De libero arbitrio』에서 들려준 이야기를 이어 나가면서 이렇게 상상한다. 델포이의 아폴론 신탁의 답변—네가 로마의 왕이 되고자 한다면 불행이 닥치리라—에 불만을 품은 섹스투스 타르퀴니우스Sextus Tarquinius는 도도나의 유피테르 신전에 가서 자신에게 비참한 삶을 선고한 신을 책망하고는, 자신의 운명을 바꿔주든가 아니면 적어도 그 신의 잘못을 인정해줄 것을 요구한다. 유피테르가 이를 거절하고 섹스투스에게 로마를 포기하라고 다시 한번 권유하자, 섹스투스는 신전을 나와 자신의 운명에 몸을 맡긴다. 하지만 이 장면을 목격한 도도나의 사제 테오도루스Theodorus는 더 알고 싶어 한다. 유피테르의 조언을 따라, 아테나이의 팔라스 신전을 찾은 그는 (거기서) 깊은 잠에 빠지고, 미지의 나라로 이동하는 꿈을 꾼다. 그곳에서 여신은 그에게 **운명의 궁전**을 보여준다. 그것은 꼭대기는 빛나고 밑바닥은 아래로 무한히 뻗은 거대한 피라미드이다. 궁전은 무수하게 많은 방으로 이뤄져 있으며, 그 각각은 섹스투스가 겪을 수 있는 운명 하나하나를 표현한다. 이 하나하나에는 가능적인, 그러나 아직 실현되지 않은 세계가 대응한다. 이 방들 중 하나에서 테오도루스는 섹스투스가 신에게 설득되어 도도나의 신전을 떠나는 것을 본다. 섹스투스는 코린토스로 가서 작은

III. 실험, 혹은 탈창조에 관하여

정원을 사고, 정원을 가꾸다가 보물을 발견하고, 모두에게 사랑받고 존경받으며 노년까지 행복하게 산다. 또 다른 방에서 섹스투스는 트라키아에 가는데, 그곳에서 그는 왕의 딸과 혼인해 왕위를 물려받고 백성의 사랑을 받는 행복한 왕이 되어 있다. 또 다른 방을 보면, 그는 평범하지만 고통 없는 삶을 영위한다. 그렇게 해서 방에서 방으로, 어떤 가능적 운명에서 다른 가능적 운명으로 계속 이어진다.

> 방들은 피라미드형으로 올라갔다. 꼭대기로 올라갈수록 방은 더 아름다워졌고, 더 아름다운 세계를 표현했다. 결국 피라미드가 끝나는 마지막 방에, 모든 방 중 가장 아름다운 방에 왔다. 피라미드는 꼭대기는 있으나 밑바닥은 없었다. 피라미드는 무한히 넓어져 갔다. 이는 여신이 설명한 것처럼 무한히 많은 가능한 세계 가운데 모든 것 중 최선이 있으며, 그렇지 않다면 신은 그중 아무것도 창조하도록 결정할 수 없기 때문이다. 그러나 최선의 세계 아래로 덜 완전한 것이 더 이상 없는 세계는 없다. 그렇기 때문에 피라미드는 무한히 내려가는 것이다.

테오도루스는 그 최상의 방에 들어가 황홀경에 빠졌다. …… 여신이 이렇게 말한다. '우리는 진짜 현실 세계에 있습니다. 이 세계에서 당신은 행복의 원천에 있는 것입니다. 이것이 바로 유피테르께서 당신에게 준비해 놓으신 것입니다. 당신이 계속해서 충실하게 그를 섬긴다면 말입니다. 이제 있는 그대로의, 즉 미래의 모습 그대로의 섹스투스를 봅시다. 섹스투스는 분노에 차서 신전을 나오며 신들의 충고를 무시합니다. 당신은 그가 로마로 가서 모든 질서를 뒤엎고 자기 벗의 아내를 범하는 모습을 보고 있습니다. 이제 [그가] 자신의 아버지와 함께 쫓겨나고 매를 맞는 불행한 모습이 보입니다. 만일 유피테르께서 이 부분에서 코린토스의 행복한 섹스투스 혹은 트라키아의 왕을 택했다면 [이 세계는] 더는 그 세계가 아닐 것입니다. 그렇지만 유피테르는 완전성으로 다른 모든 세계를 능가하며 피라미드의 꼭짓점을 이루는 이 세계를 선택하지 않을 수 없었습니다.'[23]

---

23  G. W. Leibniz, *Essais de Théodicée*, III, §416. 고트프리트 빌헬름 라이프니

가능 세계의 피라미드는 신의 지성을 표현한다. 라이프니츠가 다른 곳에서 적기를, 신의 지성의 관념 안에 "가능한 것들은 영원히 포함되어 있다." 신의 정신은 피라네시의 감옥[24]이거나, 오히려 있지 않았으나 있을 수 있었던 것의 이미지를 수 세기 동안 보관하는 이집트의 영묘 mausoleum이다. 그리고 모든 가능 세계 중에서 최선의 것(즉, 가장 큰 수의 공가능한compossible 사건들을 포함하고 있기 때문에 최대한 가능한 세계)을 선택한 신이 이 거대한 영묘를 가끔 방문해 "사태를 요약하고, 기뻐하지 않을 수 없는 자신의 선택을 확인하는 즐거움을 누린다"라고 말한다. 창조되지 않은 모든 가능 세계를 관조하면서 자신의 유일한 선택에 만족하는 것보다 더 위선적인 것을 상상하기란 어려운 일이다. 왜냐하면 그렇게 하자면 신은 잠재성의 이 바로크 지옥의 무한한 방에서 내내 피어오르는, 있을 수도 있었으나 일어나지는 않았던 모

---

츠, 『변신론』, 이근세 옮김, 568-569쪽.

[24] 이탈리아의 고전고고학자, 건축가, 예술가인 조반니 바티스타 피라네시(Giovanni Battista Piranesi, 1720-1778)의 에칭 연작 〈상상의 감옥(Carceri d'invenzione)〉을 가리킨다. 이탈리아 건축 환상 장르인 카프리치오(capriccio)를 극단적으로 표현한 것으로서, 계단, 미로, 거대한 기계들이 복잡하게 뒤섞인 어둡고 끝이 없어 보이는 계단과 막힌 통로는 마우리츠 코르넬리스 에셔(Maurits Cornelis Escher, 1898-1972) 같은 초현실주의 화가들에게 중대한 영향을 끼쳤다.

든 것이 내뱉는, 다른 식으로 있을 수 있었으나 현재의 세계가 지금과 같은 것으로 있기 위해 희생되어야만 했던 모든 것이 내뱉는 비탄의 목소리에 대해 자신의 귀를 닫아야 할 것이기 때문이다. 가능 세계 중 최선의 것은 무한한 그림자를 아래로 드리운다. 그 그림자는 한 층씩 한 층씩 우주 끝―천상계의 존재들조차 헤아릴 수 없는 곳으로서, 거기서는 그 어떤 것도 다른 것과 공가능하지 않으며, 그 어떤 것도 일어날 수 없다―까지 내려간다.

5. 바틀비가 자기 자신의 실험을 준비하는 곳은 이 운명의 궁전이라는 '이집트식 건축물'에서다. 그는 아리스토텔레스의 테제를 문자 그대로 받아들인다. 이 테제에 따르면, "일어나거나 일어나지 않거나"라는 동어반복은 그 둘 중 어느 하나의 가능성이 일어나느냐를 넘어 그 전체로 볼 때 필연적으로 참이다. 바틀비의 실험은 바로 이 진리의 장소와 관련된다. 이 실험은 오로지 잠재성 그 자체에 대한 검증, 즉 있을 수 있는 동시에 있지 않을 수 있는 어떤 것에 대한 검증을 목표로 한다. 하지만 그런 실험은 과거의 철회 불가능성의 원리를 의문에 부침으로써만 가능하다. 아니 오히려 잠재성의 소급적 발생 불가능

성에 이의를 제기함으로써만 가능하다. 바틀비는 현재에서 과거로 향하는de praesenti ad praeteritum 논변의 방향을 뒤집어 '우연적 과거들passati contingenti'에 대한 최신 논제quaestio disputata를 개시한다. '섹스투스는 로마로 가거나 가지 않을 것이다'는 동어반복의 필연적 진리는 〔그것을〕 과거로 소급해 작용함으로써 그 과거를 필연적으로 만드는 게 아니라 있지 않을 수 있는 잠재성을 그 과거에 되돌려준다.

언젠가 벤야민Walter Benjamin은 구원의 임무를 기억에 맡겼다. 그리고 이 기억을 회억(das Eingedenken)이 과거에 대해 행하는 신학적 경험의 형태로 표현했다. "회억은 과학이 '확증한' 것을 수정할 수 있다. 회억은 미완결된 것(행복)을 완결된 것으로, 완결된 것(고통)을 미완결된 것으로 만들 수 있다. 이것은 신학이다. 하지만 회억 속에서 우리는 역사를 근본적으로 비신학적으로 파악하는 것을 금지하는 경험을 하게 되는바, 그것은 우리가 직접 신학적 개념들로 역사를 쓰려고 해서는 안 되는 것과 마찬가지이다."[25] 회억은 일어난 것을 미완결된 것

---

25 Walter Benjamin, *Gesammelte Schriften* V-1: *Das Passagen-Werk*, Frankfurt am Main: Suhrkamp, 1991, p. 589(N 8, 1). 발터 벤야민, 『아케이드 프로젝트 4: 방법으로서의 유토피아』, 조형준 옮김, 새물결, 2008, 95쪽.

으로 만들고 있지 않았던 것을 완결된 것으로 만들면서, 과거에 가능성을 되돌려준다. 회억은 일어난 것도 일어나지 않은 것도 아니다. 오히려 회억은 이것들의 잠재화요, 이것들의 재가능화이다. 바틀비가 과거를 의문에 부치고 과거를 상기하는 것은 바로 이런 의미에서이다. 이는 단순히 있었던 것을 구제하거나, 있었던 것을 재차 존재하게 만들기 위해서가 아니라, 오히려 있었던 것을 또다시 잠재성으로, 동어반복의 무차별적 진리로 돌려보내기 위해서이다. "하지 않는 편이 더 좋겠는데요"는 가능성의 원상회복restitutio in integrum이다. 그것은 가능성을 일어남과 일어나지 않음 사이에, 있을 수 있음과 있지 않을 수 있음 사이에 두어 평형상태를 유지한다. 그것은 있지 않았던 것에 대한 회억이다.

사실 과거를 향한 잠재성의 전환은 두 방식으로 일어날 수 있다. 첫 번째는 니체가 영원회귀에 부여한 방식이다. "과거와 과거의 '그랬었다'"를 향한 의지의 적의敵意, '반의지(Widerwille)'야말로 니체가 보기에 인간이 고안한 최악의 징벌인 복수심의 근원이기 때문이다. "'그랬었다.' 이것이 의지의 절치切齒와 가장 고독한 비애의 이름이다. 이미 일어난 일에 대해 무기력한 의지는 일체의 과거에 대해 악의를 품은 구경꾼이다. 의지는 과거로 돌아가기를 소망할 수가 없다. …… 시간을 되돌릴 수 없다는 것, 이것이 그가 분노한 연유이다. '그랬었다'—이것은 의지가 뒤집을 수 없는 돌이다."[26]

아리스토텔레스가 『니코마코스 윤리학』에서 말하는 "트로이아가 함락되었던 것을 바라는" 것의 불가능성은 의지를 괴롭히며, 의지를 원한으로 변형시킨다. 이 때문에 차라투스트라는 의지에게 "뒤로 물러날 의지(zurückwollen)"를 가르치고, 일체의 '그랬었다'를 '내가 그렇게 원했다'로, 즉 '내게는 이것만이 구제이다'로 변형시키는 자이다. 복수심을 억누르는 데에만 오로지 신경이 쏠려 있던 니체는 있지 않았거나 달리 있을 수 있었던 것이 내뱉는 한탄을 완전히 망각했다. 이 한탄의 메아리는 블랑키Louis Auguste Blanqui에게서 여전히 들을 수 있다. 토로요새Fort du Taureau의 감방에서 블랑키가 니체보다 10년 앞서 영원회귀를 언급했을 때, 그는 **운명의 궁전**의 모든 가능 세계에 현실적 실존을 —씁쓸하게 냉소하면서— 부여한다.

---

26  Friedrich Nietzsche, *Werke* vol. VI 1: *Also sprach Zarathustra*, Berlin: Walter de Gruyter GmbH, 1968, p. 176. 프리드리히 니체, 『차라투스트라는 이렇게 말했다』, 정동호 옮김, 책세상, 2000, 231-232쪽.

우리와 똑 닮은 자들의 수數는 시간과 공간에서 무한하다. 양심상 그 이상을 요구할 수는 없다. 이 분신들은 살과 뼈가 있으며, 그에 더해 바지와 짧은 외투를 걸치고, 크리놀린 드레스를 입고, 쪽진 머리를 하고 있다. 이들은 결코 유령들이 아니라 영원화한 현실성이다. 허나 여기에 커다란 결함이 있나니, 진보가 없다는 것. 슬프도다! 이들은 저속한 재판再版이자 반복이로다. 과거 세계의 사본이 그대로 미래 세계의 사본이 된다. 분기의 장章만이 희망에 열려 있는 법. **여기서 일어날 수 있었던 모든 것은 다른 어딘가에서 일어난다는 것을 잊지 말지어다.**[27]

차라투스트라에게서 이 메아리는 완전히 억제된다. 결국 차라투스트라의 영원회귀는 라이프니츠의 『변신론』의 무신론적 변주일 뿐이다. 피라미드의 방 하나하나에서는

---

27  루이 오귀스트 블랑키의 『천체를 통해 본 영원(L'éternité par les astres)』(1872) 마지막 장에 나오는 구절로, 발터 벤야민은 『파사젠베르크』 1939년 개요 결론 부분에서 이 구절을 인용한 바 있다. Walter Benjamin, *Gesammelte Schriften* V-1: *Das Passagen-Werk*, p. 76. 발터 벤야민, 『아케이드 프로젝트 1: 파리의 원풍경』, 조형준 옮김, 새물결, 2008, 134쪽.

III. 실험, 혹은 탈창조에 관하여

항상 일어난 것의 반복만을 보게 되고, 그 대가로 현실 세계와 가능 세계의 차이가 제거되며, 있었던 것에 잠재성이 되돌아간다. 니체의 결정적 경험을 토씨 하나 틀리지 않고 처음으로 정식화한 이가 라이프니츠였다는 사실은 우연이 아니다.

> 인류가 현재 상태로 충분히 오랫동안 지속된다면, 심지어 개인들의 삶이 똑같은 상황에서, 그 가장 작은 세부사항들에 이르기까지 되돌아오는 순간이 반드시 올 것이다. 나 자신도 라인 강변에 위치한 하노버라는 도시에서 브라운슈바이크의 역사를 연구하며 똑같은 친구들에게 똑같은 의미로 편지를 쓰고 있을 것이다.[28]

필경사 바틀비는 (자기 자신이) 필사를 포기하기로 결심하는 순간까지 바로 이 해법을 고수한다. 벤야민은 필사와 영원회귀 사이의 은밀한 조응을 알아차렸다. 그래서

---

28  G. W. Leibniz, *De l'Horizon de la Doctrine Humaine* (1693); *Apokatastasis pantōn (La Restitution universelle)* (1715), ed. and trans. by Michel Fichant, Paris: J. Vrin, 1991, p. 64.

한번은 영원회귀를 남아서 받는 벌칙Strafe des Nachsitzens 과, 즉 게으른 학생에게 교사가 똑같은 텍스트를 쉼 없이 필사시키기를 부과하는 처벌과 비교했다. ("영원회귀는 우주에 투영된 필사이다. 인류는 자신의 텍스트를 수없 이 반복해서 필사해야 한다.")[29] 있었던 것의 무한 반복 은 있지 않을 수 있는 잠재성을 모조리 포기한다. 아리 스토텔레스의 우연성에서 그러하듯이, 그 집요한 필사에 서는 '있지 않을 수 있음〔비잠재성〕이 아무것도 없다.' 힘 에의 의지란 사실상 의지에의 의지이고, 영원히 반복되 는 활동, 오직 그런 식으로만 잠재화되는 활동〔현실성〕인 것이다. 이 때문에 필경사는 필사하기를 멈추고, '필사를 포기해야' 하는 것이다.

6. 이야기의 끝에서 법률가는 '뒷말pettegolezzo'로 들은 바틀비의 수수께끼에 대한 해석을 신중하게 내놓는다. 이 **소문**rumor이란 바틀비가 "워싱턴의 '사서Dead Letter'

---

29  Walter Benjamin, *Gesammelte Schriften* I-3, Frankfurt am Main: Suhrkamp, 1991, p. 1234. 발터 벤야민, 『역사의 개념에 대하여 외』, 최성만 옮김, 도서출판 길, 2008, 358쪽.
"신화의 기본 개념은 세계를 형벌로 보는 것이다. 즉, 형벌 받는 자 스스로가 만들어내는 형벌이다. 영원회귀는 우주에 투영된 벌칙으로서의 숙제이다. 인 류는 자신의 텍스트를 수없이 반복해서 다시 써야 한다([폴] 엘뤼아르, 『반복 (Répétitions)』(1922))." 「역사의 개념에 대하여」의 '세 테제들 C'에 나오는 대목 이다.

[죽은 편지, 배달 불능 우편물]계의 하급 직원이었는데, 관련 행정기관에 뭔가 변경되는 게 있어서 갑자기 해고를 당했다"는 것이다.[30] 이야기의 다른 대목들에서도 이미 그랬듯이, 법률가는 타당한 지적을 하고 있다. 하지만 언제나 그렇듯, 그가 끌어낸 설명은 과녁을 빗겨난다. 사실 법률가는 배달 불능 우편물 사무실의 업무가 '창백한 절망'에 빠지는 바틀비의 태생적 기질을 극단으로 몰아넣었을 거라고 넌지시 암시한다.[31] 곧 바틀비의 개탄스러운 행태와 그의 정신나간 정식은 [그의] 기존의 병리학적 기질이 환경에 의해 조장되어 다다른 최종단계로 설명된다는 것이다. 이 설명은 진부한데, 그것은 모든 심리학적 설명과 마찬가지로, 심리학적 설명 그 자체를 전제로 삼을뿐더러, '사서[죽은 편지]'와 바틀비의 정식을 잇는 특수한 연결고리에 대해 전혀 의문을 제기하지 않기

---

30   Herman Melville, "Bartleby the Scrivener," in *Billy Budd Sailor and Other Stories*, ed. Harold Beaver, London: Penguin Books, 1985, p. 99. 허먼 멜빌, 『필경사 바틀비』, 공진호 옮김, 문학동네, 2011, 92쪽.

31   Herman Melville, "Bartleby the Scrivener," p. 99. 허먼 멜빌, 『필경사 바틀비』, 공진호 옮김, 93쪽.
"사서[죽은 편지]라! 사자(死者)처럼 들리지 않는가! 날 때부터 그리고 운이 나빠서 창백한 절망에 빠지기 쉬운 사람을 상상해보면, 끊임없이 사서를 취급하고 분류해 불태우는 것보다 더 그 절망을 키우는 데 적합해 보이는 일이 또 어디 있겠는가?"

때문이다. 어째서 '창백한 절망'은 다른 방식이 아닌 바로 그 방식으로 표현된 것인가?

그렇지만 여기서 또다시 우리를 올바른 길로 안내하는 이도 바로 법률가이다. 그는 이렇게 말한다.

> 창백한 직원은 이따금 접힌 종이들 사이에서 반지를 가려내기도 한다―반지가 끼워져야 했을 손가락은 어쩌면 무덤 속에서 썩고 있을지 모른다. 누군가가 가장 민첩하게 자선을 베풀어 발송한 수표 한 장이 나오기도 한다―이것으로 구제를 받았을 사람은 더는 먹지도 배고파하지도 않는다. 절망하며 죽은 자들에게 용서를, 희망 없이 죽은 자들에게 희망을, 구제받을 길 없는 참화에 질식해 죽은 자들에게 희소식을 [전하는 편지가 나오기도 한다]. 생명의 사자使者인 그 편지들은 죽음으로 재빨리 치닫는다.[32]

---

[32] Herman Melville, "Bartleby the Scrivener," p. 99. 허먼 멜빌, 『필경사 바틀비』, 공진호 옮김, 93쪽.

III. 실험, 혹은 탈창조에 관하여

결코 배달되지 못한 편지들이야말로 있을 수 있었으나 결코 일어나지 않은 기쁨의 사건들을 푸는 암호라는 사실을 이보다 더 명징하게 시사할 수는 없을 것이다. 일어났던 것은 오히려 정반대의 가능성이다. 편지는, 글쓰기 활동은 잠재성에서 현실성으로의 이행을, 우연적인 것의 발생을 천계의 필경사의 서판 위에 표시한다. 하지만 바로 이런 이유에서 모든 편지는 또한 어떤 것의 비발생을 표시하기도 한다. 이런 의미에서 모든 편지는 항상 '죽은 편지'이다. 바로 이것이 바틀비가 워싱턴의 사무실에서 배운 견딜 수 없는 진리이며, 바로 이것이 "생명의 사자인 그 편지들은 죽음으로 재빨리 치닫는다(on errands of life, those letters speed to death)"는 독특한 정식에 담긴 의미이다.

지금까지도, 이 정식이 사실상 「로마 신자들에게 보낸 서간」 7장 10절 euretē moi hē entolē hē eis zōēn, autē eis thanaton[33]을 살짝 바꿔 인용한 것이라는 점은 주목받지 못했다. 멜빌이 본 영역본에는 다음과 같이 되어 있다. "And the commandment, which was ordained to life, I found to be unto death"(entolē는

---

33  가톨릭 『성경』(2005년 새번역), 「로마 신자들에게 보낸 서간」, 7장 10절. "생명으로 이끌어야 하는 계명이 나에게는 죽음으로 이끄는 것으로 드러났습니다."

'영장'을, 즉 어떤 명확한 목적을 위해 보내지는 것을 가리키므로—epistolē, 편지는 여기서 유래한다— 이 용어는 (영역본 『성서』처럼) 'commandment'보다는 (『필경사 바틀비』처럼) 'errand'라고 번역하는 편이 더 적절하다). 바울의 텍스트에서 영장entolē은 율법의 영장을 가리킨다. 그리고 이 영장에서 그리스도인은 자유로워졌다고 간주되었던 것이다. '편지의 낡음la vetustà della lettera'이 참조하는 것은 이 영장이며, 사도 바울은 이것에 성령의 '새로움'la novità dello spirito을 정확하게 대립시켰다 (「로마 신자들에게 보낸 서간」, 7장 6절 "But now we are delivered from the Law, that being dead where we were held; that we should serve in newness of spirit, not in the oldness of the letter."[34] 또한 「코린토 신자들에게 보낸 둘째 서간」 3장 6절 "the letter killeth, but the spirit giveth life"[35]를 참조). 이 시각에서 보면,

---

34 가톨릭 『성경』(2005년 새번역), 「로마 신자들에게 보낸 서간」, 7장 6절.
"우리를 사로잡고 있던 율법과 관련해서는 죽음으로써 그것에서 벗어났습니다. 그리하여 법전이라는 옛 방식이 아니라 성령이라는 새 방식으로 하느님을 섬기게 되었습니다."

35 가톨릭 『성경』(2005년 새번역), 「코린토 신자들에게 보낸 둘째 서간」, 3장 6절.
"문자는 사람을 죽이고 성령은 사람을 살립니다."

III. 실험, 혹은 탈창조에 관하여

바틀비와 법률가 사이의 관계뿐만 아니라 바틀비와 글쓰기 사이의 관계 또한 새 의미를 획득한다. 바틀비는 **법의-필경사**law-copyist, 즉 복음적 의미에서의 필경사이며, 그가 필사를 포기한다는 것은 〔그가〕 '율법'을 포기한다는 것이자 〔그가〕 '편지의 낡은 것'에서 해방된다는 것이기도 하다. 요제프 K에 관해 그랬던 것처럼 비평가들은 바틀비를 그리스도의 형상으로 보았다(들뢰즈는 바틀비를 '새 그리스도'라고 불렀다). 이 그리스도는 낡은 '율법'을 폐지하고 새 영장을 개시하러 온다(아이러니하게도 이를 그에게 상기시켜주는 것은 변호사〔법률가〕이다. "새 계명을 너희에게 주노니 서로 사랑하라."[36] 하지만 비록 바틀비가 새 메시아라고 하더라도, 그는 예수처럼 있었던 것을 구제하기 위해서가 아니라 있지 않았던 것을 구원하기 위해 오는 것이다. 새 구원자인 바틀비가 내려가는 바닥없는 타르타로스〔무간지옥〕는 **운명의 궁전**의 최저 심층부이며, 라이프니츠가 차마 두고 볼 수 없던 것, 다른 어떤 것과도 공가능하지 않은 세계, "어떤 것인가라기보다는 오히려 아무것도 존재하지 않는" 세계이다. 그리

---

36 Herman Melville, "Bartleby the Scrivener," p. 88. 허먼 멜빌, 『필경사 바틀비』, 공진호 옮김, 68쪽.

고 바틀비는 '율법'의 새 석판을 가져오는 게 아니라 메시아의 왕국에 관한 카발라적 사변에서처럼 토라를 속속들이 파괴함으로써 토라를 완성하기 위해 온다. **성서**는 첫 번째 창조(카발라 학자들은 이것을 '브리아의 토라Torah di Beriah'라고 부른다)의 법이다. 첫 번째 창조에서 신은 자신의 있을 수 있는 능력(잠재성)을 바탕으로 세상을 창조했으며, 자신의 있을 수 있는 능력(잠재성)을 있지 않을 수 있는 능력(잠재성)과 분리된 상태로 유지한다. 이 **토라**의 문자 하나하나는 삶을 향하는 만큼 죽음을 향해 있다. 이것은 반지인 만큼 이 반지가 끼워져야 했으나 무덤에서 썩고 있는 손가락을, 있었던 것인 만큼 있을 수 없었던 것을 의미한다.

글쓰기의 중단은 두 번째 창조로의 이행을 나타낸다. 이 두 번째 창조에서 신은 있지 않을 수 있는 능력(잠재성)을 자신에게서 다시 불러내서는 능력(잠재성)과 비능력(비잠재성)의 무차별 지점에서 창조한다. 이렇게 완수된 창조는 재창조도 아니요 영원한 반복도 아니다. 오히려 이는 일어났던 것과 일어나지 않았던 것이 신의 정신 속에서 근원적으로 다시 통일되는 탈창조decreazione 요, 있지 않을 수 있었으나 있었던 것이 있을 수 있었으나 있지 않았던 것으로 연기처럼 사라지는 탈창조이다.

III. 실험, 혹은 탈창조에 관하여

옛날에 페르시아의 어느 신플라톤주의자는 우연성이 모든 피조물 위에 드리운 그림자를 대천사 가브리엘의 어두운 날개의 이미지로 표현한 바 있다.

> 가브리엘에게 날개가 둘 있다고 알려져 있다. 첫 번째인 오른쪽 날개는 순수한 빛이다. 이 날개는 가브리엘의 존재가 신과 맺는 유일하고 순수한 관계이다. 그다음 왼쪽 날개가 있다. 이 날개에는 어둠 자국 무늬가 새겨져 있다. 이 날개는 새벽녘 달의 심홍색이나 공작새의 발톱 색을 닮았다. 이 어둠 자국은 가브리엘의 존재할 수 있는 능력이며, 그 자국의 다른 쪽은 비존재를 향하고 있다(왜냐하면 그 능력은 그 자체로 존재하지 않을 수 있는 능력이기도 하기 때문이다). 신의 존재에 입각해서 가브리엘을 그의 존재의 활동과 관련해 고찰한다면, 가브리엘의 존재는 필연적이라고 말해진다. 이 측면에서 보면, 그는 존재하지 않을 수 없기 때문이다. 그러나 가브리엘을 저 안에 있는 본질의 권리와 관련해 고찰한다면, 그 권리는 곧바로 그리고 같은 정도로, 존재하지 않을 권리

이기고도 하다. 왜냐하면 그러한 권리는 저 안에 스스로 존재할 수 있는 능력(따라서 존재하지 않을 수 있는 능력)을 갖지 않은 존재로 귀착하기 때문이다.[37]

탈창조는 검은 날개에 의해서만 지탱되는 부동不動의 비상飛上이다. 이 날개가 날갯짓을 할 때마다 현실 세계는 〔그것이〕 있지 않을 권리로 돌려보내지며, 가능 세계는 〔그것이〕 있을 권리로 돌려보내진다. 로마의 저주받은 폭군 섹스투스와 코린토스의 행복한 농부 섹스투스는 분간할 수 없게 되고 마침내 서로 일치하게 된다. 이 비상은 영원한 천칭이다. 그것의 유일한 판 위에서 가능 세계 중에서 최선의 세계가 불가능 세계의 평형추에 의해 애써 균형을 유지한다. 탈창조는 바틀비가 위치한 지점에서, **운명의 궁전**의 '영원한 피라미드의 중심'에서 일어난다. 그곳은 전도된 변신론의 아이러니한 의도를 따라서

---

[37] 페르시아 철학자이자 조명주의(Illuminationism) 학파 창시자 시하브 알-딘 야히아 이븐 하바쉬 수흐라와디(Shihab al-Din Yahya ibn Habash Suhrawardi, 1154–1191)의 『가브리엘의 날개의 노래(Awaz-i Par-i Jebrail)』에서 발췌한 것이다. "Le bruissement de l'aile de Gabriel: traité philosophique et mysique," ed. by H. Corbin & P. Kraus, *Journal Asiatique*, juillet–septembre 1935, pp. 1-82. 인용문은 pp. 78–79 참조.

정의의 전당(The Halls of Justice)〔재판소〕이라고 불리기도 한다. 탈창조가 일러주는 말은 있었던 것에 대한 보상이나 영원한 처벌을 내리는 심판이 아니라 오히려 윤회적 재생Palingenesis, 만물의 회복apokatastasis pantōn이다. 여기서 새 피조물은 그것의 '일어나거나 일어나지 않거나'라는 검증할 수 없는 중심에 도달한다. 바로 여기서, 생명의 영장이자, 죽음으로 재빨리 치닫는 편지의 여행은 영원히 종결된다. 그리고 바로 여기서 피조물은 마침내 〔자신의〕 집에 당도하게 되며 구제받을 수 없기에 구원받는다. 그러므로 결국 벽으로 둘러싸인 안뜰은 "그리 슬픈 장소가 아니다." 거기에는 하늘이 있고 풀밭이 있다. 그리고 피조물은 "자기 자신이 어디에 있는지"를 완벽하게 알고 있다.

## 옮긴이 해제

이 책은 이탈리아 철학자 조르조 아감벤Giorgio Agamben의 「바틀비 혹은 우연성에 관하여Bartleby o della contingenza」(1993)를 우리말로 옮긴 것이다. 이 에세이는 질 들뢰즈Gilles Deleuze의 「바틀비 혹은 정식Bartleby o la formula」(1989)과 함께 묶여 1993년에 『바틀비. 창조의 정식Bartleby. La formula della creazione』이라는 제목으로 출간되었다.[1]

이 에세이는 세 장으로 구성된다. I. 필경사, 혹은 창조에 관하여. II. 정식, 혹은 잠재성에 관하여. III. 실험, 혹은 탈창조에 관하여. 여기서 드러나듯, 아감벤은 바틀비를 해석하는 데서 '(비)잠재성', "I would prefer not to"라는 정식, '창조'와 '탈창조', '우연성' 등의 개념을 핵심 키워드로 삼고 있다. 특히 이 에세이에서 전개되

---

[1] Giorgio Agamben, Gilles Deleuze, *Bartleby. La formula della creazione*, Macerata: Quodlibet, 1993. 이 책 이전에 아감벤이 바틀비를 다룬 텍스트로는 다음을 참조. Giorgio Agamben, "Bartleby non scrive più: L'etica minima della libertà di non essere," in *Il Manifesto*, 3 marzo 1988, p. 3. Id, "Bartleby," *Filosofia in comune*. no. 6, Torino: Giulio Einaudi Editore, 1990, pp. 25-27.

는 '(비)잠재성' 개념은 아감벤 사유의 핵심 원리로, 그의 철학 전반을 관통하는 중심축이라 할 수 있다. 이미 1987년 11월 리스본에서 진행한 강연 「사유의 잠재성〔능력〕」에서 아감벤은 다음과 같이 자신의 문제의식을 밝힌 바 있다.

> 우리는 저 자신을 내어줌으로써 저 스스로를 구원하고 활동 속에서 점증하는 이 잠재성의 모습을 모든 결과와 함께 여전히 측정해야 한다. 이는 우리가 잠재성〔능력〕potenza과 현실성〔활동〕atto 사이의, 가능il possibile과 현실il reale 사이의 관계를 근본적으로 재사고하게 했을 뿐만 아니라 미학에서 창조 활동atto di creazione과 작품opera의 지위를, 정치에서 제정된 권력potere costituito 안에 제정하는 권력potere costituente을 보존하는 문제를 새로운 방식으로 고찰하게 한다. 하지만 삶이 끊임없이 저 자신의 형식과 실현을 초월하는 잠재성으로 사고되어야 한다면, 살아있는 것에 대한 모든 이해가 재고되어야 한다. 그리고 아마도 이러한 관점에서만 우리는 마침내 사유의 본질

을 이해할 수 있을 것이다.[2]

여기서 아감벤이 언급하듯, (비)잠재성 개념은 잠재성(능력)에서 현실성(활동)으로의 이행을 재사고하는 형이상학적 문제, 창조 활동과 작품에 관한 미학적 문제, 제정하는 권력과 제정된 권력을 둘러싼 정치적 문제, 삶(생명)이라는 (생명)윤리적 문제를 관통한다. 아닌 게 아니라 아감벤은 (비)잠재성 개념을 벌거벗은 생명에 대한 주권 권력의 통치, 목적 없는 수단으로서 몸짓과 삶-의-형태, 세속화, 창조 활동, 신체의 사용, 도래하는 공동체, 언어활동, 무위의 시학 등 자신의 모든 핵심 개념과 저작을 관통하는 근원적 원리로 삼는다.

「바틀비 혹은 우연성에 관하여」는 아감벤이 이 원리 아닌 원리에 대해 가장 상세히 그 유래와 성좌를 밝히고 있는 텍스트라는 점에서 중요한 의미가 있다.

아감벤이 들뢰즈의 바틀비론과 자신의 바틀비론을 묶어 펴낸 데에는 이유가 없지 않다. 물론 그 이유는 나중

---

2  Giorgio Agamben, "La potenza del pensiero," *La potenza del pensiero: Saggi e conferenze*, Vicenza: Neri Pozza, 2005, p. 286.

에 출간된 다른 글에서 확인된다. 들뢰즈는 권력의 작동이 "인간을 그 잠재성에서 분리하는 것"으로 보았는데, 아감벤은 이를 변형해, 오늘날의 인간은 "저 자신의 비잠재성에서 분리되어 무엇인가 하지 않을 수 있다는 경험을 박탈"당했다고 진단한다.[3] 이는 보다 은밀하고 본질적인 권력의 작동 방식으로 해석된다. 아닌 게 아니라 단순히 ~을 할 수 있음의 잠재성에서 분리된 존재는 ~을 하지 않을 수 있음이라는 소극적 가능성을 통해 저항할 수 있지만, ~을 하지 않을 수 있음마저 상실한 존재는 저항할 능력 그 자체를 잃는다는 점에서 더 문제적이다. 나아가 ~을 하지 않을 수 있음을 박탈당할 경우에는 무엇이든 ~을 하지 않을 수 없다는 점에서 ~을 할 수밖에 없는 필연의 강제 속에 포획된다. 반대로 ~을 하지 않을 수 있음을 통해 우리는 '우연성'을 사고할 수 있게 되며, 필연의 권력 장치에 균열을 낼 수 있는 잠재적 힘을 갖게 된다.

요컨대 (비)잠재성 개념은 능력과 무능력(비능력), 권력과 저항, 필연과 우연의 대립을 가로지르며 하나의 문

---

[3] 조르조 아감벤, 「할 수 없는 것에 대해」, 『벌거벗음』, 김영훈 옮김, 인간사랑, 2014, 74-75쪽.

제계를 구성한다. 다만 아감벤은 서구 철학사의 이 오래된 대립 구조를 단순히 반복하지 않고 그것을 저 자신의 고유한 개념틀 속에서 중첩시키고 비틀기 때문에 독자가 그것을 이해하기 쉽지 않다. 이 글은 아감벤의 잠재성 개념에 얽힌 난해함을 분석하고 그 내적 논리를 분명히 하는 데 목적이 있다.

잠재성 도식의 네 계기

잠재성에 대한 아감벤의 고찰은 기존의 이분법적 개념 체계를 해체하고, 분할 이전의 근원적 지평에 다다르려는 철학적 시도에 기반한다. 그는 잠재성을 단순한 정태적 상태가 아니라 내재적 운동성과 자기반성을 내포하는 역동적 과정으로 사유한다. 이로 인해 아감벤의 개념들은 서로 유기적으로 얽혀 마치 살아 있는 유기체처럼 작동하며, 이는 종종 독자에게 그것들이 비의적이고 불가해하다는 인상을 준다.

아감벤은 잠재성 개념의 고전적 기원인 아리스토텔레스의 철학에서 출발한다. 아리스토텔레스는 잠재성 dynamis에서 현실성 energeia 으로의 이행을 중심으로 존재론을 구성했으며, 이 과정은 '작업-중에-있음'이라는 현실화를 거친다. 그러나 아감벤은 이 이행 구조를 해체하고, 잠재성의 현실성으로의 맹목적 전환이나 소진을 비판한다. 그는 잠재성이 그 안에 '~을 할 수 있음'뿐만 아니라, '~을 하지 않을 수 있음'이라는 비잠재성을 동시에 내포한다고 주장한다. 아감벤에 따르면, 진정한 잠재성은 이 비잠재성의 가능성을 보존하고 관조할 수 있을 때에만 드러나며, 이러한 잠재성은 현실성 속에서 소진되지 않은 채로 발현할 수 있다.[4]

---

4   질 들뢰즈는 앙리 베르그손(Henri Bergson)의 틀을 빌려 이념적인 순수 과거(=잠재적인 것)에서 물질적인 현재, 사물의 상태(=현실적인 것)로 이행하는 분화(=현실화)에 대해 말했다. 이는 아리스토텔레스의 잠재태 → 현실화 → 현실태에 대한 베르그손식 판본이라 할 수 있다. 들뢰즈는 잠재적인 것(le virtuel)이 현실적인 것(l'actuel)으로 모두 환원되지 않으며, 그것이 현실적인 것(l'actuel) 못지않게 실재적인 것(le réel)임을 역설한다.

이 구도가 아감벤에게서도 그대로 되풀이된다. 아감벤은 아리스토텔레스의 텍스트를 주해하면서 현실성으로 모두 환원되지 않는 잠재성을 구제하고자 한다. 그리고 거기서 말하는 잠재성은 현실성을 위한 수단이 아니라 현실성에 저항하는 잠재적 지평으로서 기능한다.

들뢰즈가 잠재성의 상태를 정의하는 가장 맞춤한 표현으로 마르셀 프루스트(Marcel Proust)의 정식, "현실적이지 않으나 실재적인, 추상적이지 않으나 이념적인(réels sans être actuels, idéaux sans être abstraits)"을 제시했다면(Gilles Deleuze, *Le bergsonisme*, Paris: PUF, 1966, p. 99; *Différence et répétition*, Paris: PUF, 1968, p. 269; Robert Sasso et Arnaud Villani (eds.), *Le vocabulaire de Gilles Deleuze*, Paris: Vrin, 2003, pp. 23-24에서 재인용), 아감벤은 이에 상응하는 정식으로 바틀비의 "I would prefer not to"를 꼽았다고 할 수 있다.

「바틀비 혹은 우연성에 관하여」를 비롯해 아감벤이 (비)잠재성을 다룬 여러 텍스트를 종합적으로 검토함으로써, 우리는 아감벤의 잠재성 사유를 다음과 같은 네 가지 계기로 구별해 도식화할 수 있다.

1) 잠재성: (비)잠재성. 잠재성은 단순히 현실성으로의 맹목적 이행 수단이 아니다. ~을 할 능력은 ~을 하지 않을 능력이라는 비능력을 내포한다. 오히려 비능력을 통해서만 능력은 그 범위가 드러날 수 있다.
2) 사유에 대한 사유: 순수 잠재성. 현실화하지 않고 저 자신의 (비)잠재성으로 되돌아가는 사유의 운동. 그 심연에서 발견되는 순수 잠재성. 사유에 대한 사유로서 관조.
3) 탈창조: 무위. 자신의 (비)잠재성을 보존함으로써 작업 혹은 현실화를 무위로 돌리는 '탈'-창조.

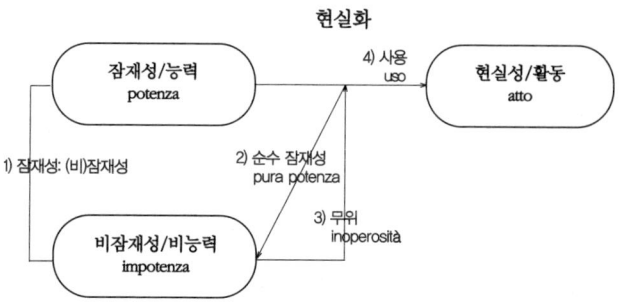

4) 창조와 구원: 사용. 자신의 (비)잠재성을 보존하면서 저 자신의 스타일로 뭔가를 창조하는 것. 탈-'창조'.

이 네 가지 계기 중 「바틀비 혹은 우연성에 관하여」 에서는 1)에서 3)까지의 계기가 집중적으로 다루어지며, 4) '사용'의 문제는 충분히 전개되지 않는다. 이는 바틀비라는 형상이 갖는 특성에 또는 한계에 기인한다고 볼 수 있다. 이에 대해서는 뒤에서 다시 다루도록 하겠다.


잠재성: (비)잠재성


우리는 일반적으로 현실성을 잠재성보다 우선하는 사고방식에 익숙하다. 예컨대 키타라 연주나 건축 능력은 그것이 실현될 경우에만 의미를 갖는 것으로 간주되며, 반대로 실현되지 않은 잠재성은 존재하지 않는 것으로 여겨지기 쉽다. 이러한 입장은 고대 메가라학파가 취한 입장과 유사한바, 이들은 잠재성과 현실성을 동일시하며 현실화하지 않은 능력을 무의미한 것으로 보았다. 그러나 아리스토텔레스는 이와 같은 견해가 잠재성 그 자체를 소거한다고 비판하며, 잠재성을 독자적인 존재론적 지위로 구제하고자 했다. 그는 키타라 연주자가 실제 연주하지 않더라도, 건축가가 현재 건축하지 않더라도, 그들의 능력은 존재한다고 주장한다. 이로부터 아리스토텔레스는 『형이상학Metaphysica』(1046a29-32)에서 모든 동일한 것에 대해 ~을 할 수 있음potenza과 ~을 하지 않을 수 있음impotenza이 공존한다는 테제를 제시한다.[5]

더욱이 아감벤은 잠재성에 대한 경험은 오직 '하지 않을 수 있음', 즉 비잠재성을 통해서만 가능하다고 강조한다.[6] 우리말 격언 중에 "든 자리는 몰라도 난 자리는 안다"라는 말이 있다. 특정 자리에 있던 사람이 떠났을 때 비로소 그 자리가 지닌 의미와 기능, 그리고 그/그녀가 갖는 영향력이 드러나기 때문이다. 이는 능력이라는 것이 실현된 활동에 비추어 거꾸로 셈해지는 것이 아니

---

5   이 책, 18쪽 참조.
"아리스토텔레스에게, 있을 수 있거나 어떤 것을 할 수 있는 모든 능력은 항상 있지 않을 수 있거나 (어떤 것을) 하지 않을 수 있는 능력이다. 그렇지 않으면 능력은 항상 이미 활동으로 넘어가 활동과 구별할 수 없게 될 것이다."
6   이 책, 34쪽.
"잠재성 그 자체의 경험은 잠재성이 항상 또한 (뭔가를 하거나 사고하지) **않을 잠재력**일 때에만, 서판이 (그 위에 뭔가) 쓰이지 **않을 수 있을** 때에만 가능할 뿐이다."
또한 조르조 아감벤, 『불과 글: 우리의 글쓰기가 가야 할 길』, 윤병언 옮김, 책세상, 2016, 71쪽 참조.
"인간은 스스로의 능력을 다스릴 수 있지만 자신의 능력에 접근하는 것은 오로지 스스로의 비능력을 통해서만 가능하다."

라 오히려 그 결여를 통해 드러나는 '영향력의 범위'이자 '효과의 조건'임을 예시해준다. 즉, 잠재력은 그것이 행사되는 방식이 아니라 행사되지 않을 수 있음이라는 역설적 상태를 통해 그 외연이 규정된다. 이는 잠재력을 그것의 실효성을 통해 규정하려는 방식과는 전혀 다른 접근법이다.

아감벤이 말하는 (비)잠재성이란 단순히 '~을 할 수 없음'이라는 무능력의 상태가 아니라 '~을 할 수 있음에도 불구하고 하지 않을 수 있음'이라는 능동적 비실행의 가능성이다. 다시 말해, 키타라 연주자가 연주할 수 있지만 지금 여기서 연주하지 않음을 선택할 수 있고, 건축가가 설계할 수 있지만 당장 건축하지 않음을 선택할 수 있는 상태가 바로 (비)잠재성이다.

바틀비는 이러한 상태의 전형적 사례로 제시된다. 그는 변호사 사무실에 처음 고용되었을 때 높은 집중력과 능숙한 필사 능력으로 인정받는다. 하지만 어느 시점부터 그는 "하지 않는 편이 더 좋겠는데요 I would prefer not to"라고 말하며 필사를 거부하기 시작한다. 중요한 점은, 바틀비가 능력이 없어서 필사를 거부한 것이 아니라 그가 능력을 보유하고 있음에도 그것을 행사하지 않기로 한 데 있다. 이때 '하지 않음'은 무능력이 아니라 능력

속에 보존된 비능력의 발현이며, 바로 이 지점에서 (비)잠재성이 드러난다.

그러나 아감벤은 이 '하지 않음'을 단순한 의지적 선택, 즉 저가 원한다면(의지) 언제든지 할 수 있지만(능력) 하지 않을 수 있음(비능력)의 틀로 보는 게 아니다.[7] 그렇게 본다면 능력은 의지will에 종속되며, (비)잠재성은 다시금 주체적 결단의 문제로 환원되어버릴 것이다. 오히려 아감벤은 의지로부터 벗어난 순수 능력(잠재성)의 층위에 다다르려 한다.[8] 한마디로 의지의 무. 아감벤이 정말 말하려는 것은 will도 아니고 prefer도 아니고 pathos의 층위이다.

---

[7] 물론 이렇게 오해될 여지가 없는 건 아니다. 예컨대 이 책, 23-24쪽에서 인용된, 아비첸나가 말하는 '완성된 또는 완벽한 잠재성'은 "글을 쓰지 않는 순간에도 글쓰기 기예를 완벽하게 숙달한 필경사의 상태와 닮았다"고 언급되지만, 24쪽 주11에서 보듯, 허버트 데이비슨은 그것에 대해 "'현실적으로⋯⋯ 달성하고' 있지 않지만, '(저가) 원한다면 언제든지' 그렇게 할 수 있다"고 설명하고 있어서이다.

[8] 이 책, 29-30쪽 참조. 아감벤은 거기서 팔라시파와 수니파 모테칼레밈 즉 아샤리파를 대비한다. 특히 후자는 의지 → 능력 → 손의 움직임 → 펜의 움직임의 구도로 사고하는바, 그러한 선형적 구도에서는 잠재성(가능성)의 경험 그 자체가 축출되어버린다.

## 사유에 대한 사유: 순수 잠재성

아감벤은 비잠재성을 잠재성의 반대항으로 언급하는 데 그치지 않고 오히려 그 비잠재성 속에서 순수 잠재성의 차원을 탐색하고자 한다.[9] 그는 아리스토텔레스의 『형이상학』, Λ권, 1074b15-35을 참조한다.[10] 이 대목에서 아리스토텔레스는 사유의 양상을 다음 세 가지로 구별한다.

1) 사유가 아무것도 사고하지 않는 경우
2) [사유가 뭔가를 사고하는 경우] 사유는 저 자신을 사고하거나, 다른 어떤 것을 사고하는(항상 같은 것을 사고하거나, 항상 다른 것을 사고하는) 경우

이를 다시 정리하면 이렇게 된다.

a. 사유가 아무것도 사고하지 않음: (비)잠재적 상태의

---

9 조르조 아감벤, 『도래하는 공동체』, 이경진 옮김, 꾸리에, 2014, 54-59쪽 참조. 아감벤은 거기서 순수 잠재성, 잠재성에 대한 잠재성, 사유에 대한 사유를 강조한다. 그리고 거기서 바틀비는 빈 서판 그 자체, 차라리 쓰지 않음을 선택하는 형상으로 제시된다.
10 이 책, 34-36쪽 번역 참조.

사유로서 nous

b. 사유가 다른 어떤 것을 사고함: 현실화된 사유로서 noēsis

c. 사유가 자기 자신을 사고함: 가장 탁월하고 신적인 사유로서 noēsis noēseōs

본 글에서는 (비)잠재성 혹은 순수 잠재성을 중점적으로 다루므로 b.에 대한 검토는 생략한다. a.는 사고하지 않을 수 있는 잠재성을 유지하는 상태이다. 이는 아리스토텔레스가 『영혼론De anima』에서 말한 잠자는 사람의 상태와, 아감벤이 말한 빈 서판의 상태와 비슷하다. 반면 c.는 아리스토텔레스가 "사유는 그것이 가장 탁월하다면 저 자신을 사고하고, 그 사유는 사유에 대한 사고이다"라고 말한 것에 해당한다. noēsis noēseōs는, 가장 탁월한 사유이자 가장 신적인 사유로서, 현실적 사유에 대한 현실적 사유이다. 즉 아리스토텔레스에게 저 자신을 사고한다는 것은 순수한 활동을 사고하는 것이다. 반면 아감벤은 이를 비틀어 저 자신을 사고한다는 것은 순수 잠재성(능력)을 사고하는 것으로 본다.[11] 이를 위해 아감벤

---

11   아감벤은 『도래하는 공동체』에서 바틀비를 논하면서, 순수 잠재성과 순수

은 『영혼론』을 참조하면서 지성의 잠재성(능력), 즉 순수 능력의 관점에서 사유의 본질을 사고하려 한다. 이는 '활동'이 아니라 (비)능력, (비)잠재성의 측면에서 사유를 사고하려는 아감벤의 철학적 입장을 반영한다.

사유는 저 자신의 본질상 순수한 잠재성, 즉 사유하지 않을 잠재성이며 그런 것으로서 가능적 혹은 질료적 지성이라 할 수 있다. 아리스토텔레스는 그런 사유를 아무것도 쓰이지 않은 서판에 비유한다. 사유는 오로지 이러한 사유하지 않을 잠재성 덕분에, 저 자신으로 (저 자신의 순수한 잠재성에) 되돌아갈 수 있고, 저 자신의 정점 즉 사유의 사유일 수 있다. 이 경우에 사유가 사유하는 것은 어떤 대상이나 혹은 활동 중에 있음이 아니라 저 밀랍층, 즉 자신의 수동성 그 자체이자 (사유하지 않을) 순수한 잠재성에 다름 아닌 라숨 타불라이rasum tabulae이다. 저 자신을 사유하는 잠재성 속에서 능동과 수동은 하나가 되며 서판은 저 스스로 써나간다. 아니 서판은 저 자신의 수동성을 써나간다. 완전한 쓰기 활동은 쓰는 능력에서 나오는 것이 아니라 저 자신을 향하는, 그렇게 순수한 활동으로서 저 자신에게 되돌아가

활동이라는 표현을 섞어서 쓴다.

는 (아리스토텔레스가 능동지성 혹은 제작지성이라 불렀던) 성향에서 나온다.

상식commen sense에 따르면, '빈 서판'과 '아무것도 쓰지 않는 필경사'는 분명히 구별될 것이다. 하지만 아감벤은 저 자신을 사유하는 행위 속에서 (비)잠재성을 경유하는 가운데 능동과 수동은 하나가 되며, 빈 서판은 저 자신의 수동성을 써나간다고 말한다. 이런 구별불가능성이 아감벤의 (비)잠재성 개념에서 보이는 핵심 난점이다. 어찌 빈 서판 상태가 되는 것과 쓰지(필사하지) 않는 필경사가 되는 것이 같다고 할 수 있는가? 이를 위해서는 능동과 수동의 대립을 넘어서고, 이와 동시에 주체와 대상의 대립을 넘어서는 대명동사 또는 중간태를 도입해야만 한다.[12]

---

12   Giorgio Agamben, *L'uso dei corpi: Homo sacer, IV, 2*, Vicenza: Neri Pozza, 2014, p. 53.
"에밀 벤베니스트(Émile Benveniste)가 중간태의 의미를 표현하고자 한 독특한 공식 'il effectue en s'affectant'(그는 저 자신에게 영향을 미치면서 행한다)에 대해 생각해보자. 한편으로, 행위를 수행하는 주체는 그 행위를 수행한다는 사실만으로 타동적으로 [행위] 대상에 작용하는 것이 아니라 [행위] 과정 속에서 저 자신을 내포하고 저 자신에게 먼저 영향을 미친다. 다른 한편으로, 바로 이 때문에 과정은 주체가 행위를 지배하지 않고 주체 저 자신이 행위가 일어나는 장소인 독특한 위상학을 전제한다. 중간태는, 'mesotes'라는 그 명칭에 내포되어 있듯이, [행위] 주체와 대상(행위자가 어떤 의미에서는 행위의 대상이자 장소이기도 하다) 그리고 능동태와 수동태가(행위자가 자신의 행위로부터 영향을 받

## 탈창조: 무위

아감벤의 텍스트에서 (비)잠재성과 순수 잠재성의 경계가, 그리고 순수 잠재성과 무위의 경계가 명확히 구획되지는 않는다. 하지만 (비)잠재성에 대한 사유와 (비)잠재성을 행위로 전이시키는 과정―설사 그것이 무화의 형태를 띠더라도―을 과연 등치시킬 수 있을까? 아닌 게 아니라 무위란 작품ergon을 무화하고 탈구축하는 것을 가리키는바, 그것은 단순히 순수 잠재성의 상태가 아니라 현실화(작업-중에-있음)를 잠재화하고, (비)잠재성을 현실화하는 과정으로 보아야 한다.

따라서 핵심적 물음은 다음과 같다. "인간의 모든 능력이 구축적 차원에서 비능력과 동일하다면, 즉 무언가를 하지 않을 수도 있는 힘과 일치한다면 이 힘이 행위로 전이되는 과정은 어떻게 설명할 것인가?"[13] 비잠재

---

는다) 구별 불가능해지는 지대에 위치한다."
이 구절에 이어서 아감벤은 미셸 푸코(Michel Foucault)가 후기에 주목한 존재의 미학을 신체의 사용(chrestai), 중간태를 통해 설명한다.
13    조르조 아감벤, 『불과 글』, 윤병언 옮김, 68-69쪽에서 인용. 72쪽의 다음 구절도 참조.
"인간의 능력이 무언가를 할 수 있는 능력뿐만 아니라 동시에 하지 않을 수도 있는 능력을 가리킨다면 이 능력의 실천은 오로지 후자를 어떤 식으로든 행위로 옮겨와야만 가능해진다."

성 또는 비능력을 행위로 옮겨오기는 어떻게 이루어지는 가?

이러한 관점에서 비능력과 능력 또는 비능력의 조합은 다음과 같은 경우의 수로 나뉜다.

a. ~을 하지 않을 수 있음을 할 수 없음(무능력): 주권권력(오이코노미아oikonomia)에 의해 피통치자의 능력이 박탈된 상태. 필연성 또는 운명.
b. ~을 하지 않을 수 있음의 할 수 있음(능력): 비능력을 보존하고 구제하는 상태. 무위.
c. ~을 하지 않을 수 있음을 하지 않을 수 있음(비능력): 비능력을 무화하는 방식. 비잠재성이 하나도 없는 상태. 우연성.

서구 윤리의 지배적 패러다임 중 하나는 다음과 같다. A를 할 수 있거나 not-A를 할 수 있는데도 불구하고, 즉 다른 선택의 가능성 혹은 잠재적 능력이 있음에도 불구하고 어떤 것(A)을 선택하고 행했을 때, 우리는 그 행위에 대해 칭찬과 비난 즉 책임을 물을 수 있다. 여기서 다른 것을 할 수 있는 존재는 맹목적으로 뭔가를 하거나 (예컨대 주인의 명령에 종속되어 뭔가를 실행하지 않을 수 없는 노예 상태) 애초에 그 뭔가를 할 수 있는 능력이 없는 존재와는 다르다. 후자들은 행위 주체 또는 윤리적 주체가 될 수 없기 때문이다.

아감벤이 "III. 실험, 혹은 탈창조에 관하여"에서 이야기하는 '진리 없는 실험'이란 A를 할 수 있거나 A를 하지 않을 수 있음이라는 가능성 혹은 잠재적 능력의 상태에 머물면서 어떤 것도 선택하거나 행위하지 않음을 야기하는 상태와 닮았다. '진리 없는 실험'이란 I would prefer not to를 통해 선택하지 않음을 선택하는 것, 의지하지 않음을 의지하는 것, '오히려' ~하지 않음에 머무는 시련으로 이야기된다. 그도 그럴 것이, 뭔가를 의지하고 선택하고 행위하지 않음으로써 책임의 틀을 거부하는 자는 아감벤이 『호모 사케르Homo Sacer』에서 말하는 추방된 자와 마찬가지로 법에 의해 내쳐질뿐더러, 생명과 법, 외부와 내부가 혼동되는 문턱에 노출되고 위험에 처할 수 있기 때문이다.

진리 없는 실험이 지배 체계에 그토록 위협적인 까닭은 그것이 "어떤 것이 참이면서 동시에 참이 아닐 수 있음의 실험"을 함으로써 '모순율'에서 벗어나기 때문이다. 하지만 모순율을 깨뜨리는 것이 그렇게 간단할까? 서구 윤리의 지배적 패러다임에 따르면, 예를 들어 선택과 행위가 일어나기 이전 시점(t1)에서 누군가는 누군가에 폭력을 행사할 수도 있고 행사하지 않을 수도 있다. 하지만 실제 행위가 일어나는 시점(t2)에서 폭력을 행사하고 행사하지 않는 것은 동시에 일어날 수 없다.

아감벤은 〈형이상학〉, 1047a의 구절, 즉 모든 능력은 동시에 그 반대에 대한 능력이라는 구절을 빌려 모순율에서 벗어날 수 있다고 주장한다. 키타라 연주자는 실제 행위가 일어나는 시점에 키타라를 연주하고 있지만 '잠재적으로' 키타라를 연주하지 않을 수 있다고 '생각'할 수 있다는 것이다. 이는 현실성/활동 안에서도 잠재성/능력이 유지될 수 있음을 보여주는 사례로 제시된다.

하지만 이는 어디까지나 A와 not-A의 동어반복의 실험이 아니라 현실성-A와 잠재성-not-A를 동시에 활성화한 것에 지나지 않기에 엄밀히 말해 모순율을 깼다고 보기 어렵다. 현실성이나 잠재성이라는 꼬리표를 떼고, 예컨대 키타라를 연주하는 순간에 연주하는 능력의 현실화와 키타라를 연주하지 않을 수 있는 능력이 중첩될 수 있다고 주장한다면 그것은 '잠재적'으로 또는 '논리적'으로만 그렇거나, '사유'의 질서 속에서만 그럴 수 있는 것이지 실체적으로나 물리적으로 그럴 수 있는 것이 아닌 듯 보인다. 심지어 아감벤이 "있지 않았으나 있을 수 있었던 것의 이미지를 수 세기 동안 보관하는 이집트의 영묘"[14]나 "일어난 것을 미완결된 것으로 만들고 있지 않았던 것을 완결된 것으로 만들면서, 과거에 가능성을 되돌려주는"[15] 회억에 대해 말할 때 그것들은 어디까지나 사유의 질서에서만 가능한 것이 아닌가라는 의문이 들 수도 있는 것이다.

아감벤은 사유의 질서와 존재의 질서의 구분을 해체함으로써 이 문제와 관련하여 전략적 입장을 취하는 듯 보인다. 마치 A와 not-A가 동시에 존재하는 것, 더 정확히는 A가 not-A보다 더 낫지 않은 상태에 머무는 것이 '(불)가능'하다고 말하는 식인 것이다.

그래야만 아감벤이 다른 곳에서 하는 다음의 주장이 의미를 갖게 된다.

> 잠재력의 방식으로 존재하는 생명체는 자신의 비능력을 할 수 있고, 오직 이러한 방식으로 자신의 잠재력을 소유한다. 그는 자신의 비존재 및 비행위와 관계를 유지하기 때문에 존재

---

14 이 책, 92쪽.
15 이 책, 95쪽.

하고 행할 수 있다. 잠재력 안에서 감각은 구성적으로 마비이며, 사유는 비사유이며, 작업은 무위이다.[16]

아감벤이 "진리 없는 실험이 그 어떤 것의 현실적 또는 비현실적 존재가 아니라 오로지 그것의 잠재적 존재에 관한 것"이라 말할지라도, 이 잠재적 존재는 그의 비능력을 통해 무위라는 현실적 효과를 산출할 수 있어야만 한다. 그 효과란 일종의 세계관이 충돌하는 장면을 연출/무대화하는 것이다. 우리는, 자크 랑시에르Jacques Rancière의 개념을 써도 좋다면, 이렇게 말할 수 있다. 『필경사 바틀비』의 핵심은 I would prefer not to 정식을 통해 A나 not-A를 선호하지 않음을 선호하는 바틀비의 감각-의미 체계와 I would prefer not to로 표현된 바틀비의 말을 단순한 '거부'의 정식으로 알아듣는 월스트리트 사람들의 감각-의미 체계의 충돌이라고. 여기서 두 감각-의미 체계는 공히 I would prefer not to가 단순히 논리적으로나 의미론적으로만 성립되는 게 아니라 그에 대응하는 관찰 가능한 사실이나 사태가 실재한다고 전제하는

---

16  Giorgio Agamben, *La potenza del pensiero*, p. 281.

옮긴이 해제

것으로 봐야 한다. 따라서 바틀비의 감각-의미 체계에서 바틀비는 '무위'를 행하고 있다. 반면, 월스트리트 사람들의 감각-의미 체계에서 바틀비는 '아무것도 행하지 않는 것'이며, 그런 한에서 바틀비의 (비)선호가 그토록 위협이 되는 것이다.[17]

다시 무위의 문제로 돌아오자. 아감벤은 『신체의 사용L'uso dei corpi』에서 무위적 작품의 일례로 시 안에서 언어의 잠재성을 드러냄, 캔버스 위에서 그림 그리기(응시)의 잠재성을 드러냄, 행위 안에서 행동의 잠재성을 드러냄을 든다. 즉 언어, 예술, 정치, 경제의 작품들을 무위적으로 만듦으로써, 인간의 신체가 무엇을 할 수 있는지 보여주고, 새로운 가능한 사용으로 그것을 열어준다는 것이다.[18] 이는 매체를 활용해 무언가를 만들어내는 것이 아니라 매체 그 자체의 힘과 능력을 전시하고자 한 모더니즘 예술 실험들과 닮았다. 저 자신의 쓰지 않을 잠재

---

[17] 『호모 사케르』에서 바틀비는 "주권의 원리에 대한 가장 강력한 거부", "할 수 있는 잠재성과 하지 않을 수 있는 잠재성 사이의 결정 가능성 자체에 저항", "주권의 아포리아를 극한으로 밀어붙이지만 주권자의 추방령으로부터는 완전히 자유롭지는 않은 상태"를 형상화하는 대표적 인물로 제시된다. 조르조 아감벤, 『호모 사케르: 주권 권력과 벌거벗은 생명』, 박진우 옮김, 새물결, 2008, 110-117쪽 참조.

[18] Giorgio Agamben, *L'uso dei corpi: Homo sacer, IV, 2*, p. 130.

성 말고는 아무것도 쓰지 않는 바틀비는 이러한 자기 지시적 예술 실험과 궤를 같이한다.[19]

그렇다면 바틀비의 무위는 b. ~을 하지 않을 수 있음을 '할 수 있음'에 해당하는가 아니면 c. ~을 하지 않을 수 있음을 '하지 않을 수 있음'에 해당하는가? 우리가 생각하기로, 바틀비는 b. ~을 하지 않을 수 있음의 능력을 보여준다. 물론 이는 단순한 '부정성'의 표현에 머물지 않는다. 아감벤은 I would prefer not to라는 정식을 고대 회의론자들의 판단중지ou mallon의 성좌에 연결함으로써 바틀비를 긍정과 부정의, 존재와 비존재의, 감각 가능한 것과 지성으로 파악 가능한 것의, 말과 사물의 문턱에 위치하는, '차라리' 그런 이분법을 초월하는 비잠재적 가능성 속에 끝까지 머무는 형상으로 묘사하고 있다.[20]

아감벤은 "우리 자신의 비잠재성을 경험하는 데 성

---

19  아감벤은 『불과 글』, 91쪽에서 이를 무위의 시학이라고 말한다.
"인간의 모든 활동을 무위적으로 만드는 기능의 탁월한 모델은 아마도 시일 것이다. 솔직히 말해 시란 소통 기능과 정보 교환 기능을 해제하고 무위적으로 만들면서 이들의 새로운, 가능한 사용을 여는 언어활동이 아니라면 또 무엇이겠는가? 또는 스피노자의 관점에서, 스스로의 실용적 기능을 해제한(=비활성화한) 언어가 스스로 휴식을 취하면서 말에 대한 스스로의 잠재력을 관조하는 지점이 아니면 무엇이겠는가?"
20  이 책, 51, 56, 62, 67쪽 참조.

공하는 지점에서만 우리는 창조할 수 있게 되며, 우리는 시인이 된다"고 말하고 나서 이렇게 덧붙인다. 이 경험에서 가장 어려운 것은 이 "이 무를 무화해, 무로부터 뭔가를 존재하게 할 수 있는 것"이라고.[21]

하지만 이 지점에서 중요한 의문이 든다. 바틀비는 분명 비잠재성을 보존하긴 했으나 그는 그 비잠재성을 행사하고 발휘했다고 할 수 있는가? 바틀비는 작업을 무위로 만듦으로써 이른바 '탈'-창조에는 성공했으나 그는 과연 신이 무로부터ex nihilo 유를 창조하듯 탈-'창조'를 했다고 할 수 있는가?

안토니오 네그리Antonio Negri가 아감벤의 바틀비론을 비판하면서 겨냥한 것이 이 부분으로 보인다. 그는 아감벤의 기획에서 부정성, 무위, 파괴, 거부의 계기는 명료하게 제시되지만 구성적 계기, 긍정적 실천의 계기는 결여되어 있다고 지적한다. 물론 바틀비는 명확히 무위의 형상에 속한다. 하지만 아감벤의 철학은 무위에 머물지 않고 '사용' 개념으로 나아가면서 구성적 계기를, 더 정확히는 탈'정립'적 계기를 보여준다. 다시 말해 아감벤은 분명히 밝히지 않았지만 우리는 '탈'-창조와 탈-'창조'를 구별

---

21  이 책, 44쪽.

함으로써 아감벤의 잠재성 논의의 함의를 더 잘 드러낼 수 있다고 생각한다.


창조와 구원: 사용


아감벤의 「바틀비 혹은 우연성에 관하여」는 창조 → 잠재성 → 탈창조로 진행된다. 하지만 탈창조는 다시 창조로 돌아와야 한다. 잠재성의 오뒷세이아에서는 바틀비 말고 주인공이 한 명 더 있다. 바로 글렌 굴드Glenn Gould이다.[22]

『도래하는 공동체』에서 아감벤은 굴드를 두고 "아마도 연주하지 **아니** 아니할 수 있는 유일한 피아니스트solo colui che può **non** non-suonare"라고 평한다(강조는 원문). 여기에는 c. ~을 하지 않을 수 있음을 하지 않을 수 있음이라는 표현이 명시적으로 쓰였다.

---

22  우리는 바틀비의 분신(이중체)(double)으로 더 적합한 인물은 〈4분 33초(4′33″)〉를 비-공연한 존 케이지(John Cage)라고 생각한다. 아무것도 쓰이지 않은 악보, 단 한 차례의 단절. 4분 33초 동안의 침묵을 보존하는 무위의 작품을 만든 예술가.

모든 피아니스트에게 연주할 수 있는 능력뿐만 아니라 연주하지 않을 수 있는 능력이 필연적으로 함께 주어졌다면, 글렌 굴드는 연주하지 않을 수 있는 힘도 다스릴 수 있는 피아니스트일 것이다. 그는 스스로의 능력을 행동으로만 옮긴 것이 아니라 (그것을) 스스로의 무능력에 내맡기면서, 이를테면 연주하지 않을 수 있는 힘으로 연주한 피아니스트다. 연주하지 않을 수 있는 능력을 단순히 부인하고 포기할 뿐인 기교 앞에서, 그리고 연주 외에 아무것도 모르는 재주 앞에서 거장은 연주를 통해 그의 연주 능력이 아닌, 연주하지 않을 수 있는 능력을 발휘한다.[23]

"연주하지 않을 수 있는 능력을 발휘한다"는 무슨 뜻인가? 나아가 "연주하지 **아니** 아니할 수 있음"은 무슨 뜻인가? 그리고 어째서 글렌 굴드가 그런 능력을 발휘할 수 있는 "유일한 피아니스트"인가?[24]

---

23  조르조 아감벤, 『도래하는 공동체』, 이경진 옮김, 57쪽.
24  아감벤의 글렌 굴드에 대한 평가를 해석하려는 다양한 시도에 대한 정리

조르조 아감벤은 『불과 글』에서 글렌 굴드를 이렇게 다시 언급한다.

> 연주하지 않을 수 있는 능력이란 창조 활동 내에서 이루어지는 일종의 저항 활동, 즉 즉각적이고 무조건적인 충동에 따른 실천을 멈춰 세우고 인간의 능력(잠재성)이 활동을 통해 고스란히 소모되는 것을 막는 일종의 비평적 역할을 담당한다는 것이다. 즉 거장의 세계란 형식의 완성에 있는 게 아니라, 실천 속에서 유지되는 잠재력, 완벽한 형식 속에 보존되는 불완전한 요소, 걸작 속에 남아 있는 은밀한 매너리즘이라는 것이다.[25]

캐나다 출신 피아니스트 글렌 굴드(1932~1982)는 1964년 31세의 전성기에 공개 콘서트 연주 활동을 전

---

로는, Katarina Sjöblom, "Glenn Gould's mastery of not-playing: style and manner in the work of Giorgio Agamben," in Marco Piasentier & Sara Raimondi (eds.), *Debating Biopolitics: New Perspectives on the Government of Life*, Massachusetts: Edward Elgar Publishing, 2022, pp. 68-85.

25  조르조 아감벤, 『불과 글』, 윤병언 옮김, 72-74쪽.

면 중단 하고 스튜디오 녹음에 전념했다. 그는 인터뷰에서 자신이 젊어서 명성을 얻기 위해 콘서트를 하기는 했지만 거기서 얻는 재미는 금방 사라졌다고 했다. 특히 별로 탐구하지 않은 채로 대중에게 천편일률적인 낡고 지루한 곡들을 연주하는 것은 (저 자신의) 상상력 부족의 시작이라고 보았다.[26] 아감벤의 말마따나 굴드는 라이브 퍼포먼스를 즉각적이고 무조건적인 충동에 따른 음악적 실천이라고 본 것이다. 굴드는 오히려 수십 차례의 테이크를 편집·믹싱하고 피아노 소리를 튜닝함으로써 라이브 연주에서는 선보일 수 없었던 잠재력을 현실화했다. 그렇게 완성된 굴드의 대표적 앨범이 〈골드베르크 변주곡Goldberg Variations BMW 988〉이다. 굴드는 전통적 바흐 해석의 관행을 벗어나 단순히 '음표를 제대로 연주하는' 능력을 넘어 '음표를 전통적 방식으로 연주하지 않을 수 있는 능력', 즉 '연주 방식에 대한 비능력'을 행사했다. 굴드가 음반으로 구현한 완성된 형식 안에는 은밀한 매너리즘 = 취향 = 습관 = 독특한 연주 스타일—그가 선호하는 낮은 피아노 의자, 건반에 바짝 붙어 앉는 자세, 피아노를 치며 내는 콧노래 소리, 특히 연주 중간의 예상치

---

26 &lt;Glenn Gould: Hereafter&gt;, dir. by Bruno Monsaingeon, 2006 참조.

못한 침묵과 공백— 등이 보존되어 있다.

이처럼 글렌 굴드는 청중의 기대나 저 자신의 연주회의 관습에 맞춰 저의 연주 능력을 현실성을 향해 맹목적으로 이행시키지 않고 저 자신의 그 능력을 사용하지 않는 편을 택했다. 하지만 연주하지 않을 수 있음이라는 일종의 '비평적' 태도를 견지함으로써 굴드는 여러 실험과 반복을 통해 ~을 하지 않을 수 있음을 남김없이 소진함으로써 '연주하지 **아니** 아니할 수 있음'에 도달했다.

이러한 활동은 일회성의 사건이 아니다. 창조와 구원, 잠재성과 활동이 서로 전도되고 침투되는 어떤 반짝이는 교대 선로를 따라 양방향으로 왕복운동을 함으로써 습성, 사용, 에토스라고 불리는 것이 형성된다는 점에서 그러하다.[27] 이러한 '사용' 개념은 아감벤을 종말론적인 메시아적 구원과 불가해한 사건의 철학자로 보는 관념을 훌쩍 넘어선다.

지금까지 우리는 아감벤의 잠재성 도식을 네 가지 계기로 나누어 설명했다. 아감벤은 사실 『불과 글』에서 이 네 가지 계기를 다음과 같이 정리한 바 있다.

---

27  조르조 아감벤, 『도래하는 공동체』, 이경진 옮김, 36쪽.

진정한 의미에서 시적인 삶의 형태란 스스로의 작품 속에서 1) 무언가를 하거나 하지 않을 수 있는 2) 스스로의 잠재력을 관조하고 그 안에서 평화를 찾는 삶이다. 살아 있는 인간은 결코 자신의 작품을 통해 정의될 수 없으며 3) 오로지 작품의 무위적인 상태에 의해서만, 즉 어떤 작품을 통해 하나의 순수한 잠재력과 관계를 유지하면서 4) 스스로를 삶-의-형태로(삶이나 작품이 아닌 행복이 문제가 되는 삶-의-형태로) 구축하는 방식에 의해서만 정의될 수 있다. 삶-의-형태란 한 작품을 위한 작업과 자기 연단을 위한 작업이 완벽하게 일치하는 지점이다.[28]

아감벤은 작품의 창조와 자기의 재창조라는 두 차원의 완벽한 일치를 파울 클레Paul Klee에게서 찾는다. 클레는 노트에서 "본질적인 것은 형상forma이 아니라 형성 과정 formazione(Gestaltung)"이라고 거듭 강조했다. "형성 과정

---

28  조르조 아감벤, 『불과 글』, 윤병언 옮김, 218쪽. 번호는 잠재성 도식의 네 계기에 맞춰 우리가 매긴 것이다.

의 고삐가 손아귀에서 빠져나가도록 내버려둬서도, 창조 활동을 중지해서도 안 될 것이다. 창조가 재창조를 계속하고 저 스스로의 정체에서 저자를 파문하는 것과 마찬가지로, 재창조는 작품이 형성 과정을 뒤로하고 오로지 형상으로만 존재하는 것을 가로막는다."[29]

자기에 대한 작업il lavoro su di sé이란 외적인 작업물(작품)을 만들어내는 것이 아니라 그런 작업물(작품)을 만들거나 만들지 않는 저 자신의 잠재력에 대한 관조를 통해 저 자신의 습성maniera, 에토스ethos, 삶-의-형태forma-di-vita를 변화시키는 것이다. 아감벤은 이를 미셸 푸코의 후기 사유, 특히 '자기 배려souci de soi'의 문제틀과 접속시킨다. 여기서 진정한 작품은 문학 작품이 아니라 삶 그 자체이며, 창작과 삶은 '무위'를 매개로 서로 포개진다. 결국 조르조 아감벤은 미셸 푸코의 문제의식을 질 들뢰즈의 개념을 빌려 풀어낸 셈이다. 바틀비는, 이러한 맥락에서 보면, 문학적 무위를 실현한 인물이지만 삶-의-형태로 그것을 구축하지는 못한 존재이다. 바틀비는 '삶'이 아니라 '죽음'과 더 붙어 있다.[30] 『필경사 바틀

---

29 위의 책, 215쪽.
30 바틀비는 거의 말을 하지 않으며, 거의 밥을 먹지 않는다, 거의 대답하지

옮긴이 해제

비』에 편재하는 죽음의 사물들. dead men, dead wall, dead letters…. 그 자신 죽음의 형상인 바틀비. 하지만 I would prefer not to라는 정식을 통해 주변을 무장해제시키는 효과를 낳는 바틀비. 그럼에도 "저 자신은 특별하지 않다I am not particular"라고 말하는 바틀비. 바틀비와 관련해 남은 얘기는 많지만, 지금 여기서는 그것을 차라리 쓰지 않는 편이 더 낫겠다.

---

않으며, 거의 죽어 있는 존재이다. 바틀비는 존재와 비존재 사이에 무차별적으로 놓인 인물이 아니다. 바틀비는 엄밀히 말하면 죽음 쪽으로 '거의' 기울어져 있는, 끊임없이 죽음으로 수렴해가는 존재이다. 그런 점에서 바틀비는 유령에 가깝다. 이러한 바틀비의 설정은 단순한 철학적 추상성의 산물이 아니라 서사적 편향성과 문학적 구성의 산물이다. 즉, 소설 속 주인공은 논리적으로 무관심하게(무차별하게) 그려지는 것이 아니라 작가의 '관심'에 의해 '편향된(oriented)' 방식으로 설정되는 것이다.

# 찾아보기

〈개념 용어〉

## ㄱ

가능성possibilità 17n, 30, 33, 34n, 43, 49, 64, 67, 68, 78, 82, 89, 91-92, 97, 99, 106

## ㄴ

능력[잠재성]potenza / dynamis 17(n)-19(n), 30-34, 36-39, 51-53, 56, 64n, 84-85(n), 91(n), 109-111; 또한 "비능력[비잠재성]"을 보라
   규정된 능력potentia ordinata 52-53
   절대적 능력potentia absoluta 51-53

## ㄷ

더 ~하지 않다non piuttosto / ou mallon 58(n)-60(n), 62, 68-70

## ㅁ

무젤만Muselmann 33(n)

## ㅂ

불가능성impossibilità 39, 82, 89

비능력[비잠재성]impotenza / adynamia 17n, 18, 44-45, 51, 91-92, 103, 109; 또한 "비능력[비잠재성]"을 보라

## ㅅ

사유pensiero / nous 13-15, 17, 19, 22(n), 34-39, 39n, 44, 75

사자angelo, 使者 62-63, 101

식별 불가능성의 지대zona di
 indiscernabilità 55-56(n)

ㅇ

영원회귀eterno ritorno 99,
 101-103(n)

우연성contingenza 82, 84, 87-
 91, 88n, 99, 103, 110

   절대적 우연성contingentia
 absoluta 81, 89

운명의 궁전Palazzo dei Destini
 93, 97, 101, 109, 112

원상회복restitutio in integrum
 99

의지volontà 30, 32, 44, 49-
 52, 66n, 67-68, 82, 81-
 82, 87, 89, 99-100, 103

ㅈ

잠재성 → "능력[잠재성]"을
 보라

진리 없는 실험esperimento
senza verità 75, 78, 80

ㅊ

창조creazione 20-23, 25-30,
 40-42, 43n, 44-45, 49,
 71, 87, 95, 97 109

   탈창조decreazione 111-112

충족이유율principe de raison
 suffisante 65-66, 66n,
 68-70

ㅍ

판단중지stare in sospeso /
 epochê 58, 59n, 62, 63(n)

필연necessità 50-51

ㅎ

하지 않는 편이 더 좋겠는데
 요preferirei di no / I would
 prefer not to 49-50, 53, 56,
 79, 99

현실성[활동]atto / energeia
 15, 17n, 24, 25n, 26-27,

34-35, 37, 51, 67, 82, 92, 101, 103, 106

회억ricordo / Eigendenken 98-99

〈인명〉

ㄴ

니체, 프리드리히 빌헬름
Nietzsche, Friedrich Wilhelm
70, 99-102

ㄷ

단테, 알리기에리Dante, Alighieri 77
둔스 스코투스Duns Scotus 51n, 85-87
들뢰즈, 질Deleuze, Gilles 53, 55(n), 108
디낭의 다비드David de Dinant 44(n)
디오게네스 라에르티오스
Diogenēs Laertius 58(n)

ㄹ

라이프니츠, 고트프리트 빌헬름 폰Leibniz, Gottfried Wilhelm von 65-66, 68-69(n), 81, 93, 102, 109
랭보, 장 니콜라 아르튀르
Rimbaud, Jean Nicolas Arthur 77(n), 78n
로크, 존Locke, John 16
뤼시, 발터Lüssi, Walter 75

ㅁ

마이모니데스Maimonides / 마이모니데스, 모세스
Maimonides, Moses 40
멜빌, 허먼Melville, Herman 50n, 54n, 57, 63n, 70n, 79, 104n, 106n, 107, 108n

ㅂ

발라, 로렌초Valla, Lorenzo 93
발렌틴, 카를Valentin, Karl 52
발저, 로베르트Walser, Robert 11n, 75
벤야민, 발터Benjamin, Walter 98, 99n, 101n

볼프, 크리스티안Wolff,
    Christian 65, 84
뵈메, 야코프Böhme, Jakob 44
블랑키, 루이 오귀스트
    Blanqui, Louis Auguste 100-
    101(n)
비트겐슈타인, 루트비히
    Wittgenstein, Ludwig 39, 79,
    91

ㅅ

세비야의 성聖 이시도루스 →
    이시도루스 히스팔렌시스
섹스투스 엠피리쿠스Sextus
    Empiricus 59(n)-60(n),
    61n, 64, 111
섹스투스 타르퀴니우스Sextus
    Tarquinius 93-95, 98, 111
소포클레스Sophoklēs 13
숄렘, 게르숌Scholem, Gershom
    20

ㅇ

아가톤Agathon 82-83(n)
아리스토텔레스Aristotelēs 13-
    18, 19n, 21-23, 28, 30,
    34-35, 37, 38n, 39n, 43,
    44n, 61n, 83-84, 90-91,
    97, 100, 103
아베로에스Averroës 38
아불라피아, 아브라함Abulafia,
    Abraham 19-21
아비첸나Avicenna / 이븐 시
    나Ibn Sina 22-23, 24n,
    31n, 75, 87
아프로디시아스의 알렉
    산드로스Alexandros ho
    Aphrodisieus 16
알-가잘리Al-Ghazali 30, 31n
알베르투스 마그누스Albertus
    Magnus 38-40
에드워즈, 조너선Edwards,
    Jonathan 50(n), 51n
에리우게나, 요하네스 스코투
    스Eriugena, Johannes Scotus

이델, 모셰Idel, Moshe 20
이븐 시나Ibn Sina → 아비첸나
이븐 아라비Ibn ʿArabī 26(n), 45
이시도루스 히스팔렌시스 / 세비야의 성聖 이시도루스 Isidorus Hispalensis 13

ㅈ
자보르스키, 필리프Jaworski, Philippe 55(n)

ㅋ
카발칸티, 구이도Cavalcanti, Guido 76, 77n
카시오도루스Cassiodorus 13-14
카프카, 프란츠Kafka, Franz 12, 63
커밍스, E. E.Cummings, E. E. 53, 54n

콩디야크, 에티엔 보노 드 Condillac, Étienne Bonnot de 77
클라이스트, 베른트 하인리히 빌헬름 폰Kleist, Bernd Heinrich Wilhelm von 77

ㅍ
퓌론Pyrrhon 58
프로이트, 지크문트Freud, Sigmund 86
프리스틀리, 조지프Priestly, Joseph 50, 51n
피츠랩프, 리처드FitzRalph, Richard 89

ㅎ
하이데거, 마르틴Heidegger, Martin 78
호손, 너새니얼Hawthorn, Nathaniel 57
횔덜린, 프리드리히Hölderlin, Friedrich 13

바틀비 혹은 우연성에 관하여

1판 1쇄  2025년 11월 28일

지은이  조르조 아감벤
옮긴이  양창렬
펴낸이  김수기

펴낸곳  현실문화연구
등록  1999년 4월 23일  /  제2015-000091호
주소  서울시 은평구 불광로 128 배진하우스 302호
전화  02-393-1125  /  팩스 02-393-1128  /  전자우편 hyunsilbook@daum.net
ⓗ blog.naver.com/hyunsilbook    ⓕ hyunsilbook    ⓧ hyunsilbook

ISBN 978-89-6564-314-2 (93100)